Auf Entdeckungslaufreise

Ausgewählte Themen, Teezimmer und Texte

Auf Entdeckungsreise I

Hannes Kerfack

© 2020 Hannes Kerfack

Autor: Hannes Kerfack und s. Literaturverzeichnis
Bilder: Hannes Kerfack und s. Bildunterschriften

Verlag & Druck: tredition GmbH, Halenreie 40-44, 22359 Hamburg

ISBN: 978-3-347-08546-6 (Paperback)
ISBN: 978-3-347-08547-3 (Hardcover)
ISBN: 978-3-347-08548-0 (e-Book)

Bibliografische Information der Deutschen Nationalbibliothek: Die Deutsche Nationalbibliothek verzeichnet diese Publikation in der Deutschen Nationalbibliografie; detaillierte bibliografische Daten sind im Internet über http://dnb.dnb.de abrufbar.

Indem wir Lebenserfahrungen für Andere aufschreiben, wird die Erinnerung nach dem Leben eines Menschen immer bleiben.
Die inneren Gedanken bleiben unsterblich.

Inhaltsverzeichnis

Themen

Teezimmer

Texte

Vorwort

Ich liebe mein Leben und Gott und alle seine Engel, in allen Formen, die er mir schickte, wenn ich nicht an ihn glaubte oder er mir verborgen war, auf der Suche nach einem Gott, der mich liebt und so nimmt, wie ich bin. Jedenfalls glaube ich daran und gibt mir unheimlich viel Kraft und Gewissheit. Ich erwarte nicht, dass auch andere daran glauben.

Und wenn ich über frühere Texte und Arbeiten von mir reflektiere, die ich in meiner Leidenschaft schrieb, dann habe ich manchmal das Gefühl, ich denke über ein anderes Ich nach. Später entdeckte ich meine Gefühle und meine Leidenschaft zum Laufsport wieder, indem ich mich Gott in allen seinen Facetten öffnete.

Viel wichtiger ist, dass die Leidenschaften mit der Kritik zusammen gedacht werden, und dass es auch so aufgeschrieben wird, dass es andere verstehen können. Das ist auch in der Religionspädagogik eine weit verbreitete Lesart (Kunstmann, Religionspädagogik)[1] und das Bildung immer auch für Andere und kein Selbstzweck ist. Oft ist es notwendig, seine eigene Leidenschaft zurückzustellen, weil ein Anderer andere Leidenschaften und Gefühle hat, um ihnen zuzuhören und sie sich nicht zu versperren.

Denn zu viel Leidenschaft kann zu Verlegenheit führen, weil ich nicht weiß, wie ich damit umgehen soll. Manchmal vergisst man das im Unterbewusstsein. Aber darum geht es: Das, was ich weiß und mit meinem, wahrscheinlich einzigen, irdischen Leben weitergeben kann, auch Anderen geben. Dieses Buch ist ein Kreativ- und

---

1 Ich verwende in diesem Buch auch viel Literatur von anderen Autoren, die ich weiter denke und entwickel. Im Literaturverzeichnis wird darüber Aufschluss gegeben. Kunstmann, Religionspädagogik, 1.

Sachbuch gleichzeitig. Es enthält Texte, die auf Grundlage des Konzeptes "Laufen mit Mehrwert" entstanden sind. Grundzug dieses Konzeptes ist es, an einen bestimmten Ort zu flanieren, zu laufen, zu wandern oder zu gehen, um dann auf dem Weg oder während eines Besinnungshaltes seine Gedanken in einem Notizbuch niederzuschreiben, um sie dann Zuhause weiter zu entwickeln und möglicherweise zu einem Buch zu entwerfen. Dieses Buch kann daher auch für sich weitergeschrieben werden. Es enthält neben den Texten und Aufsätzen, Fragen und Anregungen, die auf einzelnen, weißen Seiten der Offenheit für sich (auf dem Weg) weitergeschrieben werden können. Es sind ausgewählte Texte. Ich habe nicht alle Texte und Projekte aufgenommen. Wahrscheinlich werden auch noch mehr Texte und Werke entstehen, die ich dann in die Reihe "Auf Entdeckungsreise" aufnehme, auch von anderen Autoren. Das sind Lebenserfahrungen, die niedergeschrieben werden können, damit sie für immer leben können.

Neben Lebenserfahrungen gab es auch Sterbeerfahrungen. Im Mai und September 2016 starben mein Taufpate, der denselben Namen wie ich trug, und meine Oma. Und plötzlich trat nach den Worten "Hannes, dein Taufpate ist tot." oder "Oma ist tot." etwas los, was ich in dieser Form noch nicht kannte, auch nicht in dieser Menge und Dichte, dass plötzlich ein Begleiter im christlichen Leben gehen muss und ein Familienmitglied, die ich vor kurzem noch sprach oder im Krankenhaus besuchte. Sie waren noch da und jetzt nicht mehr. Warum? Du weißt als Theologe doch darüber Bescheid? Nein, bis dato noch nicht wirklich. Oder ich hatte keine Stellung dazu genommen, aus Angst oder auch dem Willen zur jugendlichen Unsterblichkeit.

Diese Erfahrungen greifen die Aufsätze zum praktisch-theologischen Ernstfall auf. Zwar kenne ich die Trauerphasen, die ein Mensch durchläuft. Aber die Fähigkeit darüber, wissenschaftlich zu reflektieren, verhindert nicht, dass ich die Phasen selbst durchlaufe, mit allen Schmerzen und Tränen und den Gedanken, wie kostbar die begrenzte Lebenszeit doch ist. Ich glaube, an dieser Stelle brach eine neue Zeit an, sich mehr Zeit für die anderen „Leben" zu nehmen und aus der eigenen Welt auszubrechen, aber sie dennoch nicht zu vergessen, wofür ich lebe und was ich so sehr genieße - Meditation, Stille und Schreiben. Doch das kann ich auch anderen weitergeben, damit sie mir vielleicht „Danke" sagen können.

Ich schreibe meistens mit wenigen Vorbereitungen, aber aus vollem Herzen heraus, sodass der wissenschaftliche Anspruch in den Hintergrund tritt, aber ich liebe die Leidenschaft zum theologischen Gegenstand (ein Grundzug der Objekt-Theologie) und meinen Mut, mich mit schwierigen Themen auseinanderzusetzen.

Ich bedanke mich auch beim Tredition-Verlag und seiner Betreuung, dass die Anmerkungen zu den eingereichten Manuskripten immer kritisch und konstruktiv und daher nachvollziehbar waren und sie auch dafür gesorgt haben, dass ich nicht nur die einzelnen Anmerkungen durchging, sondern auch das gesamte Buch nochmal und nochmal überarbeiten konnte und die Anmerkungen für mich weiter und nachhaltig, auch für weitere Buchprojekte und mein Schriftsteller-Dasein, entwickeln konnte.

Hannes Kerfack, Sassnitz im Juni 2020

Themen

1. Forschungsprojekt zur "Liebe"[2] zu (heiligen) Gegenständen als Teil der Objekt-Theologie

Grundlegende Gedanken

Während die Vorgedanken in mein theologisches Denken vom Gegenstand einführen, behandeln die folgenden, ausgewählten Aufsätze mehr praktisch-theologische und philosophische Themen in alle Richtungen, die nur gedacht werden können. Sie können auch noch weitergedacht werden: Wo gibt es noch solche Formen und Objekte der „Liebe" beziehungsweise Zuneigung? Aufsätze und Ideen können gerne ergänzt werden. Z.B. gibt es in der religionswissenschaftlichen Diskussion noch die Frage nach dem „Masken-Fetisch" im subsaharischen Afrika bei einigen indigenen Völkern. Daraus kann man noch weitere Gedanken entwickeln. Ich kann an dieser Stelle nur Gott danken und allen Menschen (es sind so viele), die mir in meinem Leben begegnen, dass sie mir ihr Herz öffneten, ich mit ihnen sprechen konnte, und für die (unentdeckten) Talente und Ideen, sowie die sprudelnden Gedanken und meine eigene Offenheit.

---

2 Den Begriff der Liebe setze ich in Anführungszeichen, weil ich nicht genau sagen kann, ob es sich um "Liebe" handelt, höchstens um eine Form der besonderen Zuneigung. Auf jeden Fall muss die Zuneigung jeweils skaliert und kritisch betrachtet werden. Es gibt viele Formen von Liebe und Zuneigung. Sie unterscheiden sich untereinander in ihrer Intensität. Die Rede von Gott in Gegenständen existiert schon immer, nur wird sie hier um den Begriff der Zuneigung und des Gefühls ergänzt. Das Forschungsprojekt stammt von 2016 / 2017 und war die Vorbereitung für meine Magister-Arbeit über "Die Entstehung des Trienter Bilderdekretes von 1563. Quellenkontexte in der Ikonen- und Bilderfrömmigkeit."

„Habe den Mut, ein Zeitzeuge deiner Zeit zu sein", schrieb ich einmal in einer Predigt im homiletischen[3] Seminar. Ich bin kein hervorragender Theologe und manchmal zu leidenschaftlich bei der Sache, was nicht in die Vorlesung gehört, bin aber der Meinung, dass sich alle Theologen und damit auch Nicht-Theologen nicht hinter großen Persönlichkeiten verstecken müssen und sie sich als Vorbild nehmen können. Es ist unsere Lebenszeit, dessen Zeuge wir sein können, wenn wir nur ein Erdenleben wahrscheinlich haben, um die von Gott geschenkte Zeit zu erfüllen und nicht nur mit der Zeit der vergangenen und zukünftigen Persönlichkeiten. Auch wenn wir von diesen lernen, durch ihre Bücher, ihre Reden, was andere über sie berichtet haben, sind sie eine Bereicherung.

Keine Angst vor Minderwertigkeit und dem Sich-Klein-Machen oder Klein-Machen-Lassen durch Andere. Ich schreibe hier auch völlig aus meiner theologischen Leidenschaft heraus und versuche die Wissenschaft so gut wie möglich, wie mit kritischen Fußnoten, mitschwingen zu lassen. Das „Selbstverständliche ist das Erstaunliche."[4] schrieb Klaus-Peter Hertzsch in seiner Überschrift von seinem Buch, wo Predigten und Meditationen von ihm gesammelt sind. Gerade im Einfachen, Naiven und Leichtgläubigen scheint sich eine enorme, theologische Kraft zu befinden.

Auch im Objekt, also auch wenn ich ein Buch lese, gibt es mir bedingungslos etwas, wenn ich es verstehen kann, wenn es mir zusagt, wenn ich Lust bekomme, es komplett

---

3 Viele Wörter beziehungsweise "Fehler" kennt mein Schreibprogramm nicht und diese Wörter sind auch meistens Neologismen, die eine mehrdeutige, theologisch-wissenschaftliche Bedeutung haben, die sonst schwer zu umschreiben sind und auch so in der Forschung rezipiert werden.
4   Hertzsch, Selbstverständliche, 1.

durchzulesen. Ich schlage es auf und verschlinge es. Es will es ja auch. Bildung ist toll und eine Bereicherung des Lebens (Liebe zur Bildung) oder auch Liebe zum Leben und seinen schönen Möglichkeiten, auch als Projektionsfläche. Sowie hier in diesem Band, die Zeit, das Leben und die Bildung zu nutzen, für andere und mich zu schreiben. Dass ein Objekt daher ein lebloser Gegenstand ist, wage ich zu bezweifeln, wenn andere Menschen in ihren Büchern Gefühle niederschreiben und von sich selbst etwas Anderen geben, etwas er-zeugen, durch die Projektionsfläche eines Buches, für Andere. Das ist ja auch eine Aufgabe dieses Kreativbuches.

Dann kann ein Buch schon eine von Menschen geschaffene Seele haben, die Anderen und mir gut tun kann. Wobei es dabei weniger um ein Lebewesen aus Fleisch und Blut geht, das sich selbstständig weiterentwickeln, ernähren und fortpflanzen kann. Es pflanzt und ernährt sich durch den Bezug auf den Anderen weiter, der für das Objekt „Gefühle" entwickelt und durch sich dann (als Wechselbeziehung) das weitergeben kann, was er im Buch über seine Gefühle niedergeschrieben hat.

Das Objekt, das Ich und der Andere sind eng miteinander als „Liebesbeziehung" verbunden. Das Fleisch sind höchstens die blutigen, leidenschaftlichen Worte, aus denen ein Buch besteht, die aber wieder eine Projektionsfläche meiner „Liebe" sind!

Im Nachhinein stellte man nach dem Attentat in Berlin 2016 fest, dass ein Bordcomputer, eine von Menschen installierte „Auto-Seele" (Autos werden in Zukunft immer schlauer werden), Schlimmeres verhindert hat. Ein Gegenstand hat also immer etwas Menschliches durch den Menschen selbst, wobei wieder schwierig wird, wenn es sich bei dem vermeintlichen Gegenstand (also auch Tiere und sogar Pflanzen! - abgestuftes Lebewesen-Sein? Wie intelligent ist eine Pflanze oder ein Tier?) wirklich um ein Lebewesen handelt, das die Biokriterien wirklich erfüllt und selbständig leben und sich weiterentwickeln kann. Aber Menschen vermenschlichen auch Tiere, mal so mal so, aufgrund ihrer Gefühle zu diesen. Andererseits werden Tiere auch als „Objekte" behandelt, denken wir an die Erfahrungen mit Tierzucht und co.

Es ist interessant, wie Menschen im vermeintlichen, toten „Gegenstand" Selbstidentität stiften. Frei zu argumentieren und zu improvisieren kann eine enorme theologische Sprengkraft, besonders das Leichtgläubige, auslösen, aber es muss auch kritisch betrachtet werden. Leidenschaft und Kritik müssen zusammen gedacht werden. Ich war als Kind auch ein begeisterter RMS Titanic-Fan und ich wusste so gut wie alles darüber und gerade in dieses Schiff wurde auch Gottesebenbildlichkeit hinein projiziert, mit fatalen Folgen: Ein unverfügbarer Eisberg und Schaden am Rumpf (die schicksalhafte „6. Abteilung". Bei 5 vollgelaufenen Abteilungen hätte sich das Schiff noch über Wasser halten können!), machte den Traum der Meere in dieser Zeit ein Ende. Aber Leidenschaft muss nicht von jedem geteilt werden. Als ich einmal im Gespräch mit einem Pastor war, der mich mit seiner theologischen Leidenschaft „zu textete", kam das nicht bei mir an. Ich konnte ihm irgendwann nicht mehr zuhören. Das heißt: Man muss sich gegenseitig auch zuhören und gegebenenfalls seine Leidenschaft zugunsten eines gelingenden Gesprächs mit dem Anderen zurückstellen. Mutig war, dass ich dem Pastor das sogar sagte und er mit Verlegenheit darauf reagierte, welch schlaue Antwort ich wohl gab. Andererseits ist ein Feedback immer auch etwas „von oben herab", sodass immer die Empathie im Blick bleiben muss und das Priestertum aller Gläubigen. Den Ehrenamtlichen eine „Chance" geben, sich zu entfalten, mal eine Predigt halten usw. Das entlastet den Pastor ja auch, aber das muss gleichzeitig der verantwortlichen Kommunikation gegenüber einem Hörerkreis unterliegen. Das setzt eine gewisse Ausbildung, auch nur eine kurzzeitige oder „ein kurzer Blick" auf das Manuskript voraus. Der alttestamentliche Aufsatz greift die Ambivalenz der Objektliebe auf. Die Auslegung der Geschichte vom goldenen Kalb zeigt das Spannungsfeld. Einerseits macht sich das Volk Israel seinen Gott in Form eines goldenen Kalbes aus den Ringen aus Ägypten, weil sie keinen Gott sehen, ihn nicht anfassen können. Das kann zermürbend sein. Also: Was ich mir nicht vorstellen kann, daran kann ich auch nicht glauben. Also mache ich mir etwas, woran ich glaube. Gott schickt Mose die zwölf Tafeln, um doch etwas in die Hand geben zu können, was man anfassen und lesen kann, sodass das goldene Kalb nicht anstelle Gottes verehrt wird. Neutestamentlich wäre die Frage nach dem Verhältnis von Sub- und Objekt im Kreuz und Sakrament Christi interessant. Also: Wie viel göttliches und wie viel menschliches Werk ist im Kreuz und daher auch im Abendmahl? Ist die Hostie ein menschliches Werk? Ja oder nein? Systematisch spielt die Tierethik und das Verhältnis zum vermeintlichen Objekt eine große Rolle. Wie viel Subjekt ist im Tier? Im praktisch-theologischen Teil habe ich schriftliche Ergebnisse von Collagen aufgenommen. An eine umfassende, empirische Studie mit Fragebögen und Interviews habe ich mich nicht getraut. Denn ich glaube kaum, dass viele, die meinen nicht-religiös zu sein, dass sie zugeben wollen, dass sie doch „religiöser" sind als sie selbst glauben. Religion ist seit spätestens der Aufklärung eine Privatsache geworden und die Kirche verliert oder gewinnt in anderer Gestalt an neuer Bedeutung. Objektliebe ist ein faszinierendes Thema, aber zugleich auch ein riskantes Thema, weil die Unterscheidungen zwischen Hetero- , Homu-, Bisexualität und so weiter immer noch weit verbreitet sind und durch die Behauptung, dass der Mensch alles lieben kann, in Grund und Boden gedrückt werden. Aber trotzdem gibt niemand zu, dass er seine Tasche, seine Schuhe (bei den Frauen) gerne mal vergöttert und ein Vermögen an Geld für sie ausgibt, teilweise egoistisch und „selbst ergötzend". Daher ergibt sich die These: Die Menschen und Christen sind „objektliebender" als sie es selbst zugeben würden, weil sich die Gefühle auf eine andere Art entladen (auch im möglichen, negativen Sinn), wo sie enthalten werden müssen. Das ist aber auch etwas Menschliches und total Wunderschönes: Gefühle zu haben. Gefühle zuzulassen, lassen Dämme brechen. Der Körper wehrt sich dagegen, weil er es einfach will und es tut weh, wenn Gefühle unterdrückt werden. So sind wir geschaffen von Gott mit Gefühlen, die auch widergöttlich missbraucht werden können. Sind die Gefühle ein menschliches oder göttliches Werk? Denken wir an den Sündenfall, so ist es etwas Menschliches, sich verführen zu lassen – menschliches Versagen oder göttliches Versagen? Der Baum war ja da, als geschaffenes Objekt Gottes. Oder ein gelingendes Scheitern für mehr Liebe auf der Erde? Es sind so viele Spannungsfelder und Fragen und ich kann sie in diesem Sammelband nur exemplarisch ausführen. Und ich finde, dass es eine Chance für mehr Liebe auf der Welt ist, für alle Menschen, wenn der Mensch erkennt, dass er alles lieben kann, solange es keine schädliche Liebe ist (Liebe zu Waffen und co.), wo wir wieder die Ambivalenz der Objekt-

Theologie sehen, um den anderen Menschen ihre Gefühlswelt und Leben zu lassen. Erinnern wir uns an die Attentate von Nizza und Berlin im Dezember 2016, wo die physikalische Wucht der Geschwindigkeit eines Autos missbraucht wurde, um andere Menschen zu töten und schwer zu verletzen, als Mittel des Attentates. Vielleicht drückt das auch Zweideutigkeit aus. Religion und Objekt-Theologie können missbraucht oder gebraucht werden. Es ist eine Frage der Deutung und der Interpretation. Diese sprechen ganz deutlich im Sinne der engemannschen Auredits[5], was ich in die indirekten Sätze hinein interpretieren soll. In diesem Sinne kann ich nur sagen: Stehe zu deinen Gefühlen und was du magst. Es muss dir nicht peinlich sein. Es ist etwas Wunderschönes und Menschliches zugleich, was eine enorme Energie im Alltag und Beruf entfalten kann, wenn wir uns der Liebe Gottes in all seinen Facetten und seinen Engeln öffnen. Sich von Gott streicheln lassen, wenn das Göttliche in einem erkannt wird und in anderen, dann entfliehen wir der Demut hinein in die Freiheit des Lebens. Das hat wenig mit Selbstbezogenheit zu tun, denn das Doppelgebot der Liebe sagt: „Du sollst deinen Nächsten lieben, wie dich selbst." Also: Wenn ich mich lieben kann, kann ich meine Liebe auch dem Anderen weitergeben, ohne vollkommen auf mich bezogen zu sein. Ich bin kein Narzisst dadurch, indem ich mich selbst gerne habe, ohne zu vergessen, dass es auch andere Menschen auf der Welt gibt.

---

5   Engemann, Homiletik, 11.

Praktisch-theologische Collage

Das erste Fragment gehört zur Geschichte von Fabian, der Goldschmied, wo das Geldsystem kritisiert wird. Ich glaube, dass Geldgier auch eine Form der Objektliebe ist, von der ich mich abhängig machen kann, weil Glücksgefühle ausgelöst werden. Immer mehr haben wollen, hat etwas mit einer pathologischen Sucht (Sammelsucht) zu tun. Der Zins steuert zu dieser Sammlung ja immer mehr dazu. Der Film kritisiert die Funktion des Zinses-Zins und zeigt die Grenzen des Geldsystems auf, das Schulden dadurch in das Unermessliche steigen und die Hauptschuld nicht abgetragen werden kann. Folgen sind Armut, Kriege und soziale Ungleichheit, dessen Faktoren sich alle wechselseitig bedingen. Der Film führt dazu Beispiele an.[6]

Ein weiteres Beispiel für Objektliebe ist die Liebe zu Büchern. Sie verbindet mehrere Dinge. Erstens kann Objektliebe auch eine pathologische Sammelsucht bezeichnen. Denken wir an die „bibliophilen" Autoren wie Goethe und Schiller, die dutzende Bücher in ihrem Leben angesammelt und geschrieben haben. Sie leben in ihren Büchern weiter. So ist die Frage, ob ein toter Gegenstand sich nicht „fortpflanzen" kann, etwas hinfällig und relativ zu betrachten. Das Buch ist mein Freund (*amicus inter amicos*), auch wenn es ein relativ lebloser Gegenstand ist, so ist er doch lebendig durch das, was wir in die Bücher hineinschreiben. „Etwas von der Seele schreiben" ist ein gutes Stichwort dafür, wie man es auch in Tagebüchern schreibt. Bücher werden durch die Namensschilder

---

6 Film unter: https://www.youtube.com/watch?v=_h0ozLvUTb0 (zuletzt abgerufen am 14. 6. 20), Neue Impulse Ev. „Gib mir die Welt plus fünf Prozent".

personifiziert. Ich identifiziere mich damit, indem ich meinen persönlichen Stempel dahinein setze (z.B. *Exlibris*).

Die „Liebe zum Laufen", die ich in Läufer-Foren einmal gefunden habe, ist wahrscheinlich nicht nur eine Metapher, sondern eine Tatsache. Ich kenne das Gefühl nach dem Laufen, dass ich glücklich und ausgeglichen werde. Und es gibt Beispiele, dass Paare nach dem Laufen mehr Lust auf Sex haben, sodass da ein enger Zusammenhang mit den Glücksgefühlen liegt. Und wenn das Laufen ein sportlicher Gegenstand, ein sportliches Thema ist, dann ist es auch eine Hinwendung zu einem Gegenstand, der auch Gefühle bieten kann.

Die Schiffstaufe ist ein zivil-religiöses Fest. Das heißt: Es ist nicht explizit kirchlich orientiert, nimmt aber andererseits religiöse und liturgische Elemente auf. Fraglich ist, wenn wir Gegenständen so nahe stehen, also Schiffen z.B. durch die Namenstaufe Namen geben, ist es dann noch gerechtfertigt, dass es nicht auch andere alternative Kasualien und Formen der „Liebe" geben könnte? Das Problem ist, denke ich, die Anerkennung. Während die Schiffstaufe in der Welt mit unterschiedlichen Formen weit verbreitet ist, so werden beim Thema „Liebe" die Grenzen stärker. Der Ablauf hat interessante Parallelen zur christlichen Taufe. Es gibt einen Taufpaten (eine Frau), eine Kasualrede und den Sektschlag, mit dem das Schiff seine Namensidentität und einen Reisesegen erhält. Überall wo das Schiff hinfährt, soll es von Gott gesegnet sein. In diesem Sinne ist es nicht nur ein zivil-religiöser Akt, sondern eine religionshybride Erscheinung, in dem sowohl weltliche als auch religiöse Dinge miteinander verschmelzen und neu gedeutet werden.

Ein weiteres Beispiel: Da die Single-Gesellschaft in den nächsten Jahrzehnten immer größer werden, mehr Priorität auf die Karriere gelegt wird, kann die Arbeit auch zu einer Ersatz-Liebe werden. Ob die Arbeit als Gegenstand bezeichnet werden kann, ist eine Deutungsfrage. Aber wenn in der Theologie die Arbeitsgebiete vom Alten Testament, Neuen Testament usw., als Gegenstand des Studiums bezeichnet werden, dann kann das als Zuwendung zu einem Gegenstand verstanden werden. Da spielen auch geringe Selbstwertgefühle eine Rolle, die mit mehr Arbeit kompensiert werden möchten. Sie werden auch „Work-Alholics" genannt, die freiwillig oder unfreiwillig (z.B. durch ständige Erreichbarkeit) mehr Arbeit verrichten. Kritisch ist daran die Burnout-Gefahr zu sehen, wenn das Gefühl für die Arbeit verschwindet, aber andererseits kann ich Anderen mit meiner Arbeit auch etwas von mir geben. Zwischen diesem Spannungsfeld stehen wir, denke ich.

Ich habe das Beispiel aus einer Vorlesung zur Kirchenkybernetik vergessen, wo der Professor uns einen Katholischen Gottesdienstablauf zeigte und der Priester das Buch des Evangeliums küsste, Liebe zum Evangelium und zu Gott über das Medium eines Buches. Es war aber eine Videoaufnahme. Wobei es sich dabei wahrscheinlich um eine symbolische und weniger leidenschaftliche Funktion handelt, das der Gottesdienst dem Evangelium und der Heiligen Schrift gewidmet ist.

Dann gibt es das „Bild" eines Priesters bei der Betrachtung einer Hostie vor der Transsubstantiation (also Wesensverwandlung des Brotes und Weines zu Christus), die kein menschliches Werk ist, sondern ein durch Konsekration erzeugter (Weihung) göttlicher Gegenstand. Ich denke, dass die Liebe Gottes als geistliche Stärkung durch das

Abendmahl da auch eine Rolle spielt. Im evangelischen Glauben tritt der Weihzustand hinter die Realpräsenz unter der gesamten Gemeinde („Christentum aller Gläubigen, aller Getauften") zurück. Der Pastor ist in diesem Sinne ein Gemeindemitglied wie jeder andere. Er hat keine höhere Weihstellung vor der Gemeinde mehr. Keine Unterscheidung zwischen Klerus und Laien. Er ist nur durch die Ordination dazu befugt, die Sakramente ordnungsgemäß zu verwalten, wobei das Sakrament des Abendmahls jeder gläubige Christ im evangelischen Glauben u.a. spenden kann. Es besteht aber eine klare Unterscheidung zwischen dem Beruf, dem Amt, genauer gesagt, die Profession und dem Ideal. Bei der Elevation frage ich mich, also dem Hochhalten, dem Präsentieren des Kelches vor der Gemeinde und dem Altar: Sprechen wir zum Altar nicht auch über einen Gegenstand zu Gott? Im Altar und im Kelch ist das Göttliche. Es sind zwar von Menschen gemachte Objekte, aber das Göttliche wird da auch hinein projiziert. Es handelt sich an dieser Stelle wohl mehr um eine symbolische Objektliebe, genauso wie beim Buchkuss. Das bedeutet nicht, dass eine Liebe zum Abendmahl und zum Buch nicht auch Gefühle freisetzen kann. Abendmahl und Heil haben immer etwas haptisches und geschmackliches, um selbst Heil wirken zu lassen oder das diejenige Person, die das Abendmahl empfängt, ein „plausibles" Heil erhalten hat.

Das ist wohl die größte Objektliebe der letzten Jahre geworden. In Windeseile verbreitete sich die „Digiphilie" im Sinne des großen Erfolges des Smartphones. Der Smiley auf dem Smartphone zeigt, dass Smartphones Gefühle empfangen können (Emoticons in den Gesprächen) und dem Gesprächspartner daher auch bieten kann. Mir fiel in der Universitätsbibliothek auf, wie viele Studenten mehr Zeit auf

Facebook und co. verbringen, seitenweise Texte schrieben und quasi in einer Abhängigkeitssituation waren, die sie von der eigentlichen Arbeit ablenkt. Also: Gefühle machen süchtig, weil sie Anerkennung bei Anderen vermitteln und diese unbedingt zu erlangen (aus Angst vor „Schuld und Strafe" im privaten Bereich), um vielleicht von etwas anderen abzulenken, was Angst (Stress, Druck, Phobie) macht. Eine Moderatorin in einer Fernsehsendung über Objektliebe erinnert die Zuschauer daran, dass, wenn sie ihr Smartphone streicheln und wischen, dass sie ein bisschen „objektophil" sind. Das ist aber auch eine Deutungsfrage, weil Objektliebe etwas ausschließliches hat. Ich würde aber Objektliebe nicht als „Krankheit" bezeichnen, wenn diese Form der Digiphilie schon als „Volkskrankheit" der Moderne bezeichnet wird.

Auch ein Religionshydrid: Animismus, Ahnenkult und ein Flugzeug. Manche Völker verehren in Melanesien Flugzeuge und Waren aus der westlichen Welt, weil sie nur überirdischem Ursprung sein können, weil die Eingeborenen sie selbst nicht herstellen können. Die fehlenden Waren werden dann immer eingeflogen. Sie werden auch als Boten der verstorbenen Ahnen aus dem Jenseits gedeutet. In diesem Sinne auch eine Hinwendung zu einem Menschen durch ein Objekt, dem Flugzeug.

Die verschriftlichte (objektive!) Predigt ist auch eine Spiegelfläche der Liebe zum Evangelium, zu Gott, zum Nächsten und zu mir Selbst. Denn über die Liebe Gottes, der Bibeltext und die Predigt als Projektionsfläche für die Liebe zur Theologie und Gott kann Anderen Liebe durch Gottes Wirken geschenkt werden. Es gibt in der Predigtlehre auch die Lesart, dass in einer Predigt die eigene, religiöse Bewegtheit weitergegeben werden kann. Ob die nun für den Hörer plausibel ist, ist abhängig von der jeweiligen Situation und dem jeweiligen Individuum (homiletische Situation). Hier sehe ich ganz klar, dass ich mit meinem Wissen und meiner Auslegung, Anderen etwas Gutes geben kann durch meine religiöse Bewegtheit und Gefühl. Auch beinhaltet die Liebe Gottes hier die Liebe in all ihren möglichen Facetten (Universalität und Dynamik der Liebe), wo der Hörer anknüpfen oder nicht anknüpfen kann. Denn Liebe kann auch in Hass und Anti-Liebe umschlagen, wenn sie untereinander fehlt. Gleiches gilt für die Projektionsflächen der Liebe Gottes im Hohelied Salomos und der Paulus Liebe zu Gott im 1. Kor 13.

Alttestamentlicher Zugang: Die Geschichte vom goldenen Kalb (Ex 32)

Textfassung (Zürcher Bibel), Ex 32, 1-11.14-16.19-20

1 Das Volk aber sah, dass Mose lange nicht vom Berg herabkam. Da versammelte sich das Volk um Aaron, und sie sprachen zu ihm: „Auf! Mache uns Götter, die vor uns herziehen! Denn dieser Mose, der Mann, der uns aus dem Land Ägypten heraufgeführt hat – wir wissen nicht, was mit ihm geschehen ist." 2 Da sprach Aaron zu ihnen: „Reißt die goldenen Ringe ab, die eure Frauen, eure Söhne und Töchter an den Ohren tragen, und bringt sie mir." 3 Da rissen sich alle die goldenen Ringe ab, die sie an ihren Ohren trugen, und brachten sie zu Aaron. 4 Und er nahm es aus ihrer Hand und bearbeitete es mit dem Meißel und machte daraus ein gegossenes Kalb. Da sprachen sie: „Das sind deine Götter, Israel, die dich aus dem Land Ägypten heraufgeführt haben!" 5 Und Aaron sah es und baute davor einen Altar. Und Aaron rief und sprach: „Morgen ist ein Fest des HERRN." 6 Und früh am Morgen opferten sie Brandopfer und brachten Heilopfer

dar, und das Volk setzte sich, um zu essen und zu trinken. Dann standen sie auf, um sich zu vergnügen.[7] 7 Da redete der HERR zu Mose: „Geh, steige hinab. Denn dein Volk, das du aus dem Land Ägypten heraufgeführt hast, hat schändlich gehandelt. 8 Schon sind sie abgewichen von dem Weg, den ich ihnen geboten habe. Sie haben sich ein goldenes Kalb gemacht und sich vor ihm niedergeworfen, ihm geopfert und gesagt: „Das sind deine Götter, Israel, die dich aus dem Land Ägypten heraufgeführt haben.“ 9 Dann sprach der HERR zu Mose: „Ich habe dieses Volk gesehen, und sieh, es ist ein halsstarriges Volk. 10 Und nun lass mich, dass mein Zorn gegen sie entbrenne und ich sie vernichte. Dich aber will ich zu einem großen Volk machen.“ 11 Da besänftigte der Mose den HERRN seinen Gott und sprach: „Warum, HERR, entbrennt dein Zorn gegen dein Volk, das du mit so großer Kraft und mit starker Hand aus dem Ägyptenland herausgeführt hast?“ 14 Da reute es den HERRN, das er seinem Volk Unheil angedroht hatte. 15 Mose aber wandte sich um und stieg hinab vom Berg, mit den zwei Tafeln des Zeugnisses in seiner Hand. 16 Und die Tafeln waren Gottes Werk, und Schrift war Gottes Schrift, eingegraben in die Tafeln. 19 Und als er sich dem Lager näherte, sah er das Kalb und die Reigentänze. Da entbrannte der Zorn des Mose, und er warf die Tafeln hin und zerschmetterte sie unten am Berg. 20 Dann nahm er das Kalb, das sie gemacht haben, und verbrannte es im Feuer und zerstampfte es, bis es Mehl war, und streute es auf das Wasser und ließ die Israeliten trinken.

---

7   In der Übersetzung Martin Luthers: „mit ihm Lust zu treiben“.

Kurzkommentar

V. 1 greift wahrscheinlich den Unmut des Volkes Israel auf, nachdem Mose nicht vom Berg Sinai zurückkommt (Ex 24). Es liegen ja auch einige Kapitel dazwischen und es vergeht eine Menge Zeit, bis Jahwe (hebräisch für HERR) Mose die Gesetze auf dem Berg erläutert hat (Ex 24-31, Priester, Salböl, Opferkult, Tempelbau usw.). Dieser Unmut des Volkes führt dazu, dass die Israeliten sich Gott nicht vorstellen können, solange sie nichts Handfestes haben. Oder Warten kann unerträglich sein. Das Fehlende wird auf etwas anderes übertragen: Die Schaffung eines goldenen Kalbes aus goldenen Ringen aus Ägypten (V. 2-3). Gerade Aaron tut es, ein Weggefährte Mose, quasi als Gegenentwurf und -gestalt, als Rivale. V. 5 greift dann das auf: Das goldene Kalb ersetzt Jahwe nur im Sinne Mose, aber nicht im Sinne des Volkes Israel, das das goldene Kalb mit dem Gottes Namen gleichsetzt, obwohl es im Sinne Mose widergöttlich ist. (V. 7f.). Dass dann in V. 6 Opferformen für das goldene Kalb angewendet werden, zeigt einerseits, dass das Volk Israel, die in den vorherigen Kapitel aufgeführten Gesetze kennt, aber sie sie andererseits widergöttlich auf das goldene Kalb anwenden. Interessant ist in objektliebender Sicht, die Betonung des Vergnügens und der Reigentänze (V. 19). Hier wird ein großes Festspiel der Lust gezeichnet und gefeiert, dass der Mensch fähig ist, zu allem ein tiefes Gefühl der „Liebe" aufzubauen. Wie das nun genau aussieht, ist wohl auch Sache der Intimität, was nicht genau beschrieben wird. Die Bibel lässt oft offene Räume der Interpretation. Ich stelle es mir so vor, wie, als Faust auf dem Hexentanzplatz ist. Gut ist das Lustspiel in den Augen Jahwes nicht, denn sein Zorn entbrennt über das Volk Israel (V. 10). Mose stellt eine „Totschlag-Frage": Warum dieser Zorn Gottes, obwohl Jahwe

27

das Volk Israel aus dem Land Ägypten befreit hat? (V. 13) Diese Frage führt zur Reue des Herrn im folgenden Vers. Aber gleichzeitig zeichnet sich ein Kompromiss ab. Obwohl Jahwe nicht zornig ist, kann er es nicht zulassen, dass das Volk Israel ihn durch ein goldenes Kalb ersetzt. So schickt er ihnen durch die Hand Mose doch etwas Fassbares, die 10 Gebote, womit sie sich nicht nur selbst lieben können, sondern ihre religiösen Gefühle zu Gott auch dem Nächsten und Gott weitergeben können. „Du sollst deinen Herrn ehren und keine anderen Götter haben neben dir." (1. Gebot). Diese Gebotstafeln sind ausdrücklich Gotteswerk und Schrift und kein Menschenwerk wie das goldene Kalb (V. 16). Aber wieder die Frage: Wie viel Gottes Werk steckt im goldenen Kalb? Hier erst mal gar nicht, was zum Tod führt, wenn goldenes Wasser getrunken wird (V. 20). Das Objekt der Gefühle führt zum Tod. Vielleicht darf man sich etwas einbilden, wenn die Gebote gehalten werden? An dieser Stelle führt es aber zur Strafe durch die Sünde Israels, gegen das erste Gebot gehandelt zu haben, wo ich aber zur Verteidigung sagen muss, dass diese Gebote in der Narration jedenfalls noch nicht handfest waren. Und dann bleibt eher das Risiko dafür, sich etwas einzubilden und das etwas ausbleibt. Menschen sind nach dem Sündenfall anders geworden und entwicklungsbedürftig, auch durch Schuld und Strafe.

Religionsgeschichtliche Einordnung und Argumentation

Das goldene Kalb greift die Ambivalenz der Objekt-Theologie als Objekt-Antitheologie genau auf. Hier wird etwas verehrt und von etwas gesprochen, was zu dem Widergöttlichen gehört. Gleichzeitig ist dem Menschen die Fähigkeit zum Einbilden und zur Phantasie gegeben, um die Sehnsucht nach etwas Schönem zu erfüllen, was Sinn stiftet, was einfach „da" ist, was man sich vorstellen kann. Gleichzeitig tritt diese Phantasie, sich etwas neben Gott zu erschaffen, auf ein Spannungsfeld, wie in dieser Bibelgeschichte entfaltet wird. Im jüdischen, monotheistischen (oder monolatrischen) Glauben, die theologische Entwicklung Israels ist evident, kann es nur einen Gott geben und man darf sich kein Bild von ihm machen. Schuld und Strafe ist ein Thema im Alten Testament, besonders im deuteronomischen Geschichtswerk. Die Grundfrage: Warum bröckelt die Gottesbeziehung Israels und wie fügt sie sich wieder zusammen? Das goldene Kalb und die Anti-Kalb-Gebote sind wohl ein Grund und eine dynamische Wechselbeziehung dafür. Die Entwicklung läuft dabei auf einen strengen Monotheismus und einen verborgenen Gott zu, der sich nur noch in Engelsgestalten zeigt oder das Deuteengel auftreten (im Daniel-Buch, die Offenbarung der kommenden Reiche), die im Sein das Sein und Werden Gottes und der Geschichte apokalyptisch und Endzeit bezogen neu deuten. Grunderfahrung ist wahrscheinlich die Angst vor der Strafe Gottes. Bestimmte geschichtliche Ereignisse (wie die Zerstörung Jerusalems, 587 v. Chr.) werden so begründet, dass Israel Gott vergessen hat, andere Götter anbetet oder sich zu wenig dem Nächsten zuwendet (Kult- und Sozialkritik der Propheten). Aus dieser Erfahrung heraus, wird der Gott Israels als sich entfernender Gott gedeutet, der aber trotzdem immer noch da ist. Folgerichtig geht es im alten Israel auch um die Auseinandersetzung mit dem Fremden (Israel und Kanaan), dem metaphorischen „Kalb". Woher kommen wir, wohin gehen wir, woher nehmen wir etwas mit, was geben uns andere? Dabei handelt es sich wahrscheinlich nicht um zwei verschiedene Völker, die während der Landnahme im

Stammessystem aufeinandertrafen (Josua-Buch), sondern um eine synthetische Kultur, ein Religionshybrid.[8] Palästina ist ein Durchgangsland. Die Voraussetzungen stehen also gut, dass sich Religionen miteinander vermischen, also auch Jahwe und Baal.[9] Dass Göttervorstellungen also vermischt worden sind, ist evident. Vielleicht zeigt sich dies jetzt auch bei der Geschichte mit dem goldenen Kalb, das die anderen Gottheiten, mit denen sich Israel auseinanderzusetzen hat, repräsentiert. Das sind Kategorien, die erst später entstanden sind: Monotheismus, Polytheismus und co. Und sie sind „neuzeitliche Kunstwörter"[10]. Baal und Jahwe waren zu bestimmten Zeiten ein und derselbe Gott.[11] Generell kann gesagt werden, dass sich die Gottes-Begriffe mit der Zeit wandeln, also wie auch Völkernamen und die Völkerstrukturen.[12] Auch wurden die Kulte beeinflusst, durch äußere Mächte, wie Ägypten und ihre Kulte (denken wir an den Sonnenhymnus des Pharaos Echnaton). Der Sonnenhymnus ist ein Produkt aus dem 11. Jh. v. Chr. und zeigt Parallelen zum Psalm 107. Echnaton war der erste Monotheist, der versuchte, die polytheistischen Gottheiten Ägyptens zu vereinen und ist selbst Repräsentant Atons auf Erden. Aton und Jahwe werden beiderseits als Schöpfer der Welt bezeichnet. Religionshybride sind auch im Alten Testament etwas entscheidendes und prozesshaftes, wie auch eine ägyptische Grabkammer, die dem Gott Anubis geweiht ist. Klar sind die Fahrzeuge links und rechts zu sehen. Wenn im ägyptischen Glauben ein Mensch stirbt, dann fährt er quasi in die Unterwelt hinab, um mit einem

---

8   Gertz, Grundinformation, 60.
9   Gertz, Grundinformation, 61.
10 Gertz, Grundinformation, 69.
11 Gertz, Grundinformation, 69.
12 Gertz, Grundinformation, 67.

Schiff durch das Unterweltmeer Richtung Westen (Sonnenuntergang gleich Untergang des Lebens) zu fahren, um im Osten (Sonnenaufgang gleich Lebenserneuerung) in das jenseitige Leben zurückzukehren. Dort kann er als Ahne von der Familie und den Hinterbliebenen weiter verehrt werden. Der Streitwagen prägte sein Leben wohl als ein General und Streiter. Es kommt zu einer Biographisierung eines Objektes.

Hier der Text, ein Auszug im Vergleich mit dem Psalm 104:

Psalm 104	Aton-Hymnus
1 Lobe den Herrn, meine Seele! Herr, mein Gott, wie groß bist du! Du bist mit Hoheit und Pracht bekleidet. 2 Du hüllst dich in Licht wie in ein Kleid, du spannst den Himmel aus wie ein Zelt. 3 Du verankerst die Balken deiner Wohnung im Wasser. Du nimmst dir die Wolken zum Wagen, du fährst einher auf den Flügeln des Sturmes. 4 Du machst dir die Winde zu Boten und lodernde Feuer zu deinen Dienern. 5 Du hast die Erde auf Pfeiler gegründet; in alle Ewigkeit wird sie nicht wanken.[13]	Schön erstrahlst du am Himmelshorizont, du lebender Aton, du Anfang des Lebens. Wenn du am östlichen Horizont aufgegangen bist, dann hast du jedes Land mit deiner Vollkommenheit erfüllt. Du bist schön und groß, licht und hoch über jedem Lande, deine Strahlen umarmen die Lande bis hin zu alledem, was du geschaffen hast.

---

13 Text und Erläuterungen bei: Spitzner, Gerald: Psalm 104 und der Hymnus Echnatons im Vergleich. Frei verfügbar unter: (https://geraldspitzner.wordpress.com/psalm-104/textvergleich-hymnus-des-echnaton-und-psalm-104/ (zuletzt abgerufen am 11. Juni 2020).

Und ich frage mich, ob das goldene Kalb, wie die goldene Sonne des Aton, in deren Gestalt er sich zeigt, sowohl eine Vergöttlichung eines materiellen Gegenstandes ist, als auch „Vergötzung" stattfindet. Also wenn schon im Psalmenbuch etwas anscheinend „Widergöttliches" rezipiert worden ist, dann ist es wohl eine Selbstverständlichkeit, sich Gott in anderen Dingen abzubilden und es kritisch zu sehen ist, das als „gottlos" zu bezeichnen. Einen ähnlichen Zusammenhang haben wir auch beim Sol-Invictus-Kult festgestellt, wo Jesus mit der Sonne gleichgesetzt wird. Wir sehen, Gegenstände und Objekte sind Projektionsflächen für Göttliches und vermeintlich Anti-Göttliches. Durch die Geschichte vom goldenen Kalb scheint die Götzenkritik in eine Geschichte hinein gespiegelt worden zu sein. Monotheismus ist eine exklusive Kategorie, die Götzen ausschließt. Aber wenn z.B. die Trinität eine Dreiergestalt Gottes ist, wird die Götzenkritik auch wieder relativiert. Wir stellten auch fest, dass die Gottesbildentwicklung auch von der eigenen Umwelt abhängig ist. Inklusiver Monotheismus bleibt dagegen tolerant (Monolatrie).[14] Die daraus folgende Kultausübung ist privat als auch als eine öffentliche Sache (Kultstätten, öffentliche Plätze) zu betrachten. Interessant sind die Ahnenkulte mit verschiedenen Figuren[15], die göttliche Gestalt annehmen (anthropomorphe Gestalten), die in der Ikonographie als der Bildermalerei eine entscheidende Rolle spielen.[16] Aus objektliebender Sicht findet die Heiligung und Verseelung durch die Liebe zu den Ahnen statt, und dass der Mensch hier fähig ist, alles zu lieben. Vielleicht möchte man sich wieder an sie erinnern, sie nicht vergessen, sie in ihrem

---

14 Gertz, Grundinformation, 70.
15 Beispielbilder von vergöttlichten Objekten: Gertz, Grundinformation, 73-75.
16 Gertz, Grundinformation, 76.

Sein zu lassen und aus dem Nicht-Mehr-Sein zu lösen. Abbildungen von Jahwe sind eine Selbstverständlichkeit, aber mit Beginn der Kultkritik schien sich das zu ändern. Ich glaube, dass diese Kulte auch missbraucht werden können, für das Kommerzielle, für das Unmenschliche. Wahrscheinlich kommt es daher durch die Pluralität auch zu einer Kultzentralisierung im 7. Jh. durch Joschias Reformen, um den Blick auf den einen Gott und die Gebote wieder zu stärken.[17] Das sind deuteronomische Reformen, sodass wir da auch die Kritik und den Aspekt der Schuld und Strafe in Israel sehen. Wenn Gott durch die vielen Objekte vergessen, der Blick auf das Wesentliche verloren wird (z.B. Gebote der Nächstenliebe, zu viel Selbstbezogenheit), dann ist es gottlos oder nicht? Phantasie oder Einbildungsbildungskraft ist dem Menschen zu eigen. Ich möchte meinen Gott auch anfassen können, ihn spüren können. Problematisch ist, wie gesagt, die Selbstbezogenheit, aber die wird durch die Liebe zu den Ahnen ja auch aufgehoben. Zusammenfassung: Vermenschlichungen oder Vergöttlichungen im Alten Testament sind an der Tagesordnung und teilweise religionshybride Produkte. Die Fähigkeit des Menschen alles lieben und sich einbilden zu können, ist ihm zu eigen. Es ist etwas Menschliches, wenn jemand sich etwas „macht", um es sich vorstellen zu können. Kritisch wird es, wenn der Blick für das Wesentliche verloren geht (gegenseitige Nächstenliebe, Liebe zum Herrn), was in die Kult-Kritik mündet und das Verhältnis von Schuld und Strafe im Alten Testament abgebildet wird. Ohne Liebe untereinander, keine Liebe zu Gott und somit auch Strafe, möglicherweise Vergebung und Reue Gottes.

---

17 Gertz, Grundinformation, 77.

2. Die Grundkonzepte des Literathons und der Lauf- , Schreib- und Kreativwerksta(d)tt „PoliS"

Der Literathon erscheint als Zeitung im neuen Jahr wahrscheinlich alle 4 Wochen und kann gratis auf der Website, der Startseite heruntergeladen werden. Die Schreib- und Kreativwerkstatt „PoliS" ist im Grunde eine Idee für Kurzvorlesungen zu verschiedenen Themen (Universität, Kunstgalerie), mit einer Bibelschule und einer E-Kirche mit Gottesdiensten.

In meinem Kopf entstehen sehr viele Ideen. Aber ich bin nicht alleine. Wir könnten theoretisch schon ein paar Monate im Voraus das Teezimmer planen, aber das wäre langweilig, sodass ich immer kurz vor dem Teezimmer das nächste Teezimmer danach schon auf der Website ankündige. Aber ich bin auch offen für andere Themen.

Gibt es weitere Themenvorschläge?

Die Geschichte und "Verfassung" des Literathons und der Polis

Die Geschichte des Literathons beginnt wahrscheinlich schon 2007, als ich ein erstes Buch "Quo vadis Graecus?" zum Aufstieg einer Arbeiterbewegung in einem fiktiven Griechenland schrieb und nach 4 Jahren, 2011, abschließe und die Chance sehe, nebenberuflich Schriftsteller zu werden. 2012 stehe ich zum ersten Mal bei einer Laufveranstaltung an der Startlinie beim Rostocker Citylauf und laufe freiwillig, neben meinem Shotokan-Training (Träger des 6. Kyu-Gürtels), das ich 2015 beende. 2014 und 2015 begegnet mir die Idee mit den Besinnungshalten in Seminaren zum Thema "Lebenskunst" und "Reise". Im November 2016 wird die Idee in einem Seminar "Erfolgsfaktoren Beruflicher Selbständigkeit" an der Universität Rostock genannt, konnte mich aber noch nicht durchsetzen, einen Eigenverlag "PoliS" zu gründen und dann anfange das alleine umzusetzen. Dabei entstehen die ersten Schriften in einem Schriftenverzeichnis. Im Dezember 2018 entsteht durch die Erfahrungen mit Blogs, die verschiedene Themen behandeln (z.B. Laufen und Ernährung), der Literathon und die Schreib- und Kreativwerksta(d)tt "PoliS". Der Geburtstag des Literathons ist der 1. Dezember 2018. Von 2018 - 2019 entstehen erste Laufveranstaltungen (Adventskalender-Laufstreak, Halbmarathon in den Mai). Das erste Jahrbuch erscheint 2020 - "Auf Entdeckungslaufreise". Anfang 2020 konstituiert sich der Literathon neu und reformiert sich selbst und soll ein nebenberufliches Unternehmen werden.

Am 2. April 2020 erfolgt die Gründung und der Baubeginn des virtuellen "Fernsehstudios" auf dem YouTube-Kanal:

Es ist das Fernsehstudio des Literathons. Hier wird (fast) alles abgedreht. Die Kreativwerksta(d)tt nimmt nun wirklich Formen an. Das Fernsehzentrum nimmt eine zentrale Stellung ein. Die Bauzeit beträgt 3 Monate, doch werden die einzelnen Studios und Teile der Stadt nach und nach gebaut, da der Sendebetrieb schon vor der Einweihung aufgenommen wird, was bei Minecraft[18] oder in anderen Fiktionen sicher ein Vorteil ist, da sie die Naturgesetze umgehen, um der Kreativität freien Lauf zu lassen. Ich habe mich sehr über die Idee gefreut. Die Kamera auf dem Laptop funktioniert auch, um die anderen Funktionen des Computers zu nutzen. Es gibt aber noch Probleme zu lösen, wie z.B. die notwendige, absolute Studio-Stille, um saubere Aufnahmen zu machen. Auch bin ich nicht sicher, ob Heil in einer virtuellen Kirche wirken kann. Pro Woche gibt es maximal 5 Sendeplätze (mit 10-15 Minuten Sendezeit oder weniger) und mindestens 3 Sendeplätze, die auch mit anderen Ideen gefüllt werden können. Dafür bin ich gerne offen, für Vorschläge.

Aus meiner Sicht ist es ein Gebäude der Superlative mit einem Audimax, in dem vielleicht 15-18000 Studenten Platz haben (wenn man nach der Anzahl der Würfel geht) und vielleicht der größte, virtuelle Hörsaal der Welt. Das ist mehr als die Uni Rostock an Studenten hat. (Fast) jeden Sonntag veröffentliche ich hier auch eine Losungsauslegung, eine Predigt, einen (christlichen) Gedanken als Teil der digitalen Kirche, die Ausdruck des Priestertums aller Gläubigen ist. Die BLITH(E) ist die Bürgeruniversität des Literathons. „Blithe" kommt aus dem Englischen und bedeutet so viel wie

---

18 Die beschriebenen Bilder von Minecraft in diesem Band, auch bei den Kunstprojekten, gehen auf das gleichnamige Programm von Mojang / Microsoft zurück, mit denen es aber keine Kooperation gibt.

"unbeschwert", "unbekümmert", "fröhlich", "heiter", also alles sehr positive Adjektive. Das soll diese Universität sein, etwas Unbeschwertes, wo du fröhlich und gebildet hinaus gehen beziehungsweise laufen kannst. Es besteht kein Zwang. Alles ist freiwillig, wie im Studium auch, wo du dich selbst organisieren musst, um erfolgreich zu sein. Bürgeruniversitäten haben die Aufgabe, möglichst weite Teile der Bevölkerung für akademische Themen zu begeistern. Sie gehen daher weiter als Volkshochschulen. Aber beide dienen der Weiterbildung und dem lebenslangen Lernen. Ich werde hier Vorträge und Vorlesungen, sowie Seminare und Übungen (als Video) veröffentlichen. Themen sind sowohl der Laufsport als auch das weite Feld der Philosophie und der Theologie, die sehr interdisziplinär arbeiten. Themen sind daher unerschöpflich, da immer neue Vernetzungen und Übertragungen älterer Theorie auf neue Praxisherausforderungen möglich sind.

Weitere Gebäudeideen und -pläne und Buchprojekte

Das sind z.B. verschönerte, sozialistische Platten- und Wohnungsbauten im Stile der Hängenden Gärten von Babylon. Vorbild sind die treppenähnlichen Plattenbauten in Rostock beim Hauptbahnhof, deren Bewohner die Balkons sehr begrünt haben. Dann gibt es das Laufstadion als Mittelpunkt sportlicher Ertüchtigung, um die drei möglichen, virtuellen Disziplinen (Boot fahren, Laufen und Gymnastik) in dieser Kulisse anzubieten. Alles andere ist zu aufwändig und auch zu gefährlich und im eigenen Zimmer kaum umzusetzen (z.B. ein Speerwurf). Dann gibt es die Idee des Obeliskenparks mit einzelnen Kleinwäldern und riesigen Obelisken, die in die Luft ragen. Jetzt zu den Buchideen und eine Vorstellung des geplanten Gesamtwerks. Küstermord:

Ein kaltblütiger Mord oder ein grausamer Selbstmord erschüttert eine Kirchengemeinde in der Nähe von Stralsund in Vorpommern. Der neu eingeführte Küster „Herr Kunz" wird vor einem Gottesdienst auf der halben Turmebene blutüberströmt und am Glockenseil aufgehängt gefunden. Zuvor gab es eine Morddrohung, aber gleichzeitig wird ein Abschiedsbrief gefunden. Die Polizei tappt im Dunkeln. Es gibt keine Spuren für ein Gewaltverbrechen. Der dortige Pfarrer Kehrling geht dem Fall nach, reist nach Schweden, durchleuchtet Archivmaterial aus der Geschichte der Kirchengemeinde und findet Brisantes, dass einige Mitglieder des Kirchengemeinderates einer Gruppe angehören, die einen geheimen Kult betreiben. Doch niemand glaubt ihm. Dann geschieht ein zweiter Mord. Der Kirchengemeinderat möchte den Schnüffler-Pfarrer los werden, dem ein Amtsenthebungsverfahren droht und in einem zweiten Fall auf die Insel Rügen strafversetzt wird. Aus der Demut zur Freiheit und Liebe Gottes: Dieser Sammelband von persönlichen Dokumenten aus dem Theologiestudium in den Jahren 2011 - 2018 ist gleichzeitig eine Einführung in das Theologiestudium. Meditationen, Zusammenfassungen, Textwerkstätten, Predigten und vieles mehr enthält diese Sammlung. Die Texte und Methoden werden kommentiert, erklärt und vor allem die selbstkritische Auseinandersetzung mit eigenen Texten ist ein Kernelement. Kritikfähigkeit und das autodidaktische Lernen werden auf frühere Texte angewendet, die nicht verändert werden, um den Lernprozess aus Altem und Neuem darzustellen. Gebet und Hoffnung auf Erfüllung: Kann, muss oder soll ich beten? Diese Frage möchte die Antwort des offenen Gebetes beantworten. Zwischen der Gebetstheorie und praktischer Beispiele befinden sich die weißen Seiten der Offenheit, auf denen man das Buch nach der Inspiration mit eigenen Gebeten weiterschreiben kann, z.B. in einer Laufpause, wo Zeit für ein Sitzen auf einer Bank im Wald, in der Stadt und so weiter bleibt, um einen Laufmehrwert zu haben. Das Buch wird mit den Hausgottesdienstentwürfen zusammen veröffentlicht und bietet auch in diese praktisch-theologische Praxis eine Einführung. Die Polis war im antiken Griechenland ein autonomer Stadtstaat mit einem Stadtgebiet und einem umliegenden Land, ähnlich wie die Städte Bremen, Hamburg oder Berlin. Beispiele für antike Städte sind Athen oder Sparta. Doch hier geht es mehr um die Stadt als Werkstadt mit verschiedenen Ebenen und Gebäuden, die systematisch und gemeinsam zusammenarbeiten. Hier auf der Website ist sie eher ein imaginäres Gebilde. Sobald du die Website als Läufer betrittst, bist du in der Stadt und kannst einen Besinnungshalt einlegen. Der Umgang mit Fremden war auch in der Antike wichtig. Der Fremde war zugleich ein Gast (griech. *xenos*), den man in sein Haus einlud, was zum guten Umgangston gehörte. Weitere Grundkonzepte: In der digitalen Kirche erstelle ich Musik- und Hördateien für verschiedene Gottesdienstformen, Andachten und Kasualien, wie z.B. Konfirmation oder Taufe. Diese können auf die Lauftour mitgenommen werden, um sie bei einem Besinnungshalt für sich abzuspielen. Daneben besteht sicher auch die Möglichkeit, dass ich öffentlich als weltlicher Redner oder Prediger bei einer Veranstaltung auftreten kann, Hochzeiten, Beerdigungen, wenn das gewünscht wird. Da bin ich offen, auch für neue Methoden, z.B. Laufschuhe als Erinnerungsstücke am Grab eines Läufers, der seine Identität behalten möchte, auch über den Regenbogen hinweg. Oder wenn jemand eine Andacht oder Predigt zu einem Thema oder bestimmten Tag geschrieben haben möchte, ist das auch möglich. Im Film- und Musikstudio erstelle ich kurze Filme und Musiktitel zu verschiedenen Themen und das literarische Teezimmer, das zugleich ein Parlament und eine Teeküche ist, wo Entscheidungen für die Website getroffen werden oder Teerezepte erstellt werden.

Der neue Fokus im Jahr 2020

Ein neues Jahr hat begonnen. Der Literathon geht in das zweite Jahr. Herzlichen Glückwunsch dazu! Daher habe ich mich dazu entschlossen, sein Konzept und die Angebote zu fokussieren und zu aktualisieren.

1. Der Kern - Der Dialog zwischen Theologie und Philosophie in Form des literarischen Teezimmers und der digitalen Kirche und zwischen Christen und Nicht-Christen

In erster Linie ist der Literathon ein Diskussionsforum (wie im antiken Griechenland auf der *agora,* dem zentralen Marktplatz einer Stadt beziehungsweise *polis,* zu dem und zu der alle Straßen hin führen) über philosophische Allerweltsthemen und eine Art „Ruhepol" durch wöchentliche Andachten und christliche Angebote. Ich bin nicht nur Theologe, sondern auch Ethiker und daran interessiert, solche Themen plausibel und anschaulich zu gestalten und an "weltlichen" Themen interessiert, in einer Zeit, in der Kirche und Religion (vermeintlich) durch die Säkularisierung und die Pluralisierung der Gesellschaft und ihrer Angebote an Bedeutung verlieren. Allein bin ich auf dem Markt der "religiösen Angebote". Ich versuche durch eine Verbindung etwas Neues zu schaffen.

2. Mehr Plausibilität und Einfachheit

Schon allein, dass ich den Text hier größer schreibe, bedeutet, dass es mir um mehr Anschaulichkeit geht. Lange Texte und „Blablas" sprechen nur wenige Leute an. Kurze Sätze. Keine langen, abstrakten Schachtelsätze mehr. Anschauliche Bilder. Wenige Fremdwörter, außer wenn sie genau erklärt werden. Das ist auch bei der Gestaltung von Predigten für eine Hörergemeinde sehr wichtig.

3. Kostenlose Angebote

Außer den E-Books und den Schreibhilfen, werden sämtliche Angebote kostenlos sein. Die digitale Kirche und das literarische Teezimmer haben immer eine Laufzeit von 10-15 Minuten, da auch in der Praktischen Theologie die "Hörfähigkeit" beziehungsweise die Zeit, in der ein Mensch (einer Predigt) konzentriert zuhören kann, nicht länger ist. Das war vor 50 bis 100 Jahren noch anders. Da konnten Predigten auch schon mal über eine Stunde dauern, da ein Pfarrer nicht nur ein Prediger war, sondern auch eine Art "Professor" und Lehrer. Ein Pfarrer trug auch (immer) einen Doktortitel, sodass Vorlesungspult und Kanzel eine Einheit bildeten.

4. Mehr Sport

Der Laufsport, das Wandern, das Flanieren werden dann als System zusammen mit dem literarischen Teezimmer und der digitalen Kirche aktiv. Laufen befreit den Geist, fördert den Ideenreichtum, genauso wie die frische Luft für den Kopf draußen. Kern sind die so genannten Besinnungshalte während der Touren, eben wie das Logo auf der Oberseite der Webseite, die immer präsent ist.

5. Ausbau der Kreativwerksta(d)tt

Wichtig ist auch die Einbindung dieser Konzepte in ein Gesamtkonzept, als eine Art "Über-Sein", in Form der Kreativwerksta(d)tt "PoliS", in der alle diese Konzepte zusammenarbeiten, eben wie in einer Stadt, besonders die Polis im antiken Griechenland. Alle Artikel werden kontinuierlich weiterentwickelt. Doch eine Länge von einer oder zwei A4-Seiten sollten sie nicht überschreiten (Stichwort: Einfachheit). Ein Ziel von mir ist es zu vermitteln, dass jeder Mensch einen Preis oder eine Urkunde verdienen kann. Das ist nicht abhängig von berühmten Oskar-Verleihungen, Weltmeisterschaften oder anderen Wettbewerben, die aber nicht unbedingt auch nicht schlecht sind. Aber wichtig ist das Selbstbewusstsein und seine Stärkung und das jeder ein Gewinner sein kann. Es ist auch nicht das Privileg von Marathon-Weltmeistern und co. Klar, man "giftet" dabei auch an. Das Schlimmste war einmal, dass man mir Respektlosigkeit vorwarf, obwohl ich nur helfen wollte und mich dafür auch bedankte. Ich plane jetzt mehr Konsequenz ein. Es soll jede Woche ein Teezimmer, eine Andacht und einen Artikel geben. Das klingt nach viel Arbeit, aber eine Routine ist auch im Arbeitsalltag wichtig. Und mir gelingt das immer noch nicht so ganz beziehungsweise gar nicht. Es ist auch nicht immer so leicht, Ideen für Teezimmer zu finden. Drei ist auch eine magische Zahl und sinnvoll. Ich versuche auch dreimal die Woche Sport zu treiben, mindestens eine halbe Stunde oder 10000 Schritte pro Tag. Das ist mein Ziel und Ziele sind auch immer wichtig. Die jeweiligen Videos dauern aber nur 10-15 Minuten, ganz im Sinne der „Hördauerfähigkeit" von Zuschauern. Das soll kein Vorwurf sein, dass man nicht so lange zuhören kann, aber in der Mehrheit ist die Kommunikationsforschung der Meinung, dass die Hördauerfähigkeit in den letzten Jahrzehnten nachgelassen hat. Dieses wurde von der praktischen Theologie bzw. ihrem Teilgebiet, der Homiletik, der Lehre von der Predigt, bestätigt. Ein Grundsatz dieser Lehre ist die Schaffung und Produktion von „guten" Predigten. Zeit und Dauer ist dabei ein Aspekt, aber auch z.B. Satzlänge. Ein weiterer Punkt, der auch das neue Jahr 2020 betrifft ist: Die Kreativwerkstadt ist für alle geöffnet. Es gibt keine Klassengesellschaft. Es gibt keine Ernährungsklassen usw. Wer mir etwas anbietet, das nehme ich auch meist an, so lange es mir selbst nicht schadet, ganz im Sinne des Freiheitsverständnisses im Deutschen Grundgesetz z.B., zwischen positiver und negativer Freiheit. Jeder kann seine Freiheit nutzen, solange er dem Anderen nicht schadet oder zu einer Handlung zwingt. Was die weitere Entwicklung des Literathons für das Jahr 2020 angeht, ist zunächst einmal eine „Sortierung" entscheidend. Jeder Blog-Eintrag wird mit der jeweiligen „Werkstadt" in der Kreativstadt verbunden und verlinkt, z.B. wurde die Erinnerung des Literathons auf der Seite des Parlaments der PoliS verlinkt, um einen Schnellzugriff zu ermöglichen.

Das pädagogische und theologische Konzept

Mein pädagogisches Handeln im Umgang mit anderen Menschen stützt sich im Grunde auf diese Prinzipien, die Ausdruck in der digitalen Kirche, dem literarischen Teezimmer und den Webinaren finden und im Unterricht.

1.   Didaktische Gleichheit beziehungsweise didaktisches Gleichgewicht (nach Wolfgang Klafki)

Das ist sicher das wichtigste Konzept, an dem sich alles orientiert. Ich gehe davon, dass jeder Mensch dieselben Fähigkeiten beziehungsweise dieselben Anlagen hat, ein individuelles Talent zu entwickeln. Zwar hat nicht jeder dieselben Talente, aber eben eins oder mehrere, die ihn besonders machen.

Diese zu wecken und dazu zu ermutigen, ist eine Hauptaufgabe des Literathons. Gleichzeitig soll sich diese auch manifestieren (z.B. in Form eines selbstgeschriebenen Buches, das im Selbstverlag erscheinen kann), um die Pluralität und Vielfältigkeit der Gesellschaft individuell zu erweitern. Jeder hat die Chance, zur "Elite" zu gehören. Dazu soll ermuntert werden, ein Teil der Optimum-Gesellschaft zu werden, sie aber auch kritisch zu sehen und sich mit seinen individuellen Talenten darin einzufinden. Jedes Talent wird gerühmt, durch die Urkundenwerkstatt, die aber keine Urkundenfälschung betreibt, da eine Verifizierung immer notwendig ist.

Entscheidend ist ein demokratisches Handeln im "Klassenraum", auch im virtuellen. Dieses Prinzip geht auf

Wolfgang Klafki zurück[19], der im Sinne einer didaktischen Gleichheit von der prinzipiellen Gleichheit zwischen Lehrer und Schüler ausgeht. Ein Lehrer kann auch Schüler sein und ein Schüler kann auch Lehrer sein und sich beide Seiten auf diese Weise wechselseitig bedingen.

2.   Prinzip der Lebenskunst im Sinne der Montessori-Pädagogik

Die Philosophie der Lebenskunst geht von der prinzipiellen Selbstgestaltung des Lebens des einzelnen Menschen aus und das dieser dafür selbst verantwortlich ist. Diese Philosophie wird durch die Montessori-Pädagogik gestützt, die das "Prinzip der Hilfe zur Selbsthilfe" anwendet. Ein Lehrer soll einen Schüler anleiten, sich selbst zu helfen und sein Leben zu gestalten.

3.   Antiautoritäre Erziehung mit passiver und aktiver Lenkung durch diese und zur Herstellung von individuellen Plausibilitäten

Der Literathon ist eine konfessionslose Website und bietet christliche und nicht-christliche Angebote in Form der digitalen Kirche und des literarischen Teezimmers an, als zwei Eckpunkte. Dazwischen gibt es immer wieder Mischformen, um wechselseitige Plausibilitäten im Sinne von "Aha"-Effekten aufzubauen. Religion verändert ihr Gesicht und äußert sich vielfältig und versteckt in der Gesellschaft. Niemand soll zur Ausübung einer Religion gezwungen werden.

---

19 Vgl. auch: Klafki, Funkkolleg Erziehungswissenschaft.

Es geht nicht direkt um eine "Missionierung", sondern eher um eine passive Mission und Aufklärung über die christlich-abendländische Tradition. Daneben werden weitere Formen von Religion und Konfession in der gesamten Welt behandelt, die Ähnlichkeiten untereinander aufweisen.

Theologisches Konzept

1.   Priestertum aller Getauften / Gläubigen

Jeder kann faktisch ein Pastor sein, aber es muss zwischen Profession und Ideal unterschieden werden. Die „Hauskirche" des Literathons ist eine YouTube-Kirche, mit einer Kanzel, auf der jeder gläubige Christ stehen und verkündigen oder auch das Abendmahl halten kann. Auch Luther war der Meinung, dass jeder gläubige Christ ein Pastor sein „muss". Entscheidend ist die verantwortungsvolle Kommunikation. Eine solche Tätigkeit setzt eine gewisse Ausbildung in Hinblick auf die Empathie zu Hörern und Zuschauern voraus. Diese Ausbildung wird im Grunde auch von anderen Studiengängen und Ausbildungen geleistet (z.B. Germanistik, Kommunikationswissenschaft und Journalismus), um verantwortungsvoll mithilfe der jeweiligen Kontexte der Hörer über einen Text oder ein anderes Medium zu kommunizieren. Die Inhalte können autodidaktisch oder durch eine ergänzende, theologische Ausbildung nachgeholt werden.

2. Pluralität der Systematischen Theologie – Ethik der Authentizität

Beispielsweise gibt es die Ansicht, dass die „Auferstehung von den Toten durch Jesus Christus" die eine eschatologische, christliche, Antwort auf das Leben nach dem Tode ist. Aber Eberhard Jüngel[20] hat angefragt, ob das noch zeitgemäß ist, weil es viele Menschen gibt, die nicht an ein Weiterleben glauben und daher vielleicht so viel es geht aus dem Leben machen möchten, oder an andere Vorstellungen glauben, wie z.B. Reinkarnation. Der Literathon geht aufgrund seines konfessionslosen Charakters von einer generellen Pluralität aus.

3. Universalität der Liebe Gottes in Hinblick auf atheistischem Theismus

Gott ist in einer Blume, in anderen schönen Dingen, überall kann er begegnen, und Glücksgefühle auslösen. Das ist das Konzept der universellen Lieben Gottes von und zu allen Dingen. Dieses Konzept reicht auch in atheistische Vorstellungen hinein. Wahrscheinlich gibt es auch in anderen quasi-religiösen Vorstellungen gottähnliche Strukturen, auch im vermeintlich „atheistischem".

---

20 S. Eberhard Jüngel, Tod, 1971.

Digitale Diktatur?

Ich trete hier in diesem Sinne als ein Anhänger der fiktiven Republik Griechenland auf, wie in „Quo vadis Graecus?" beschrieben, und muss dafür sorgen, dass sie nicht untergeht. Die Republik Griechenland ist im weiteren Sinn das demokratische Land, in dem man lebt, mit den jeweiligen Gesetzen und Bestimmungen. Es ist daher keine autonome Stadt und kein rechtsfreier Raum, anders als jetzt z.B. in der griechischen Polis, in der jede Stadt ihr eigenes Recht hat.

Andererseits bietet das Grundgesetz der Bundesrepublik Deutschland einen Raum zur Entfaltung von Freiheit, für die man aber selbst verantwortlich ist. Das geschieht hier durch die verantwortungsvolle Kommunikation, der Datenschutzerklärung, dem Impressum, der Einhaltung der Urheberrechte und so weiter und trotzdem ist die Werksta(d)tt auch wieder im weiteren Sinn eine „Diktatur", wie die von Volgin angestrebt wird, aber er macht es im Sinne einer "Reform" der geschundenen "Republik Griechenland", aber letztendlich durch einen Machtausbau seiner selbst. Genau das soll verhindert werden, dass es zu einer Desintegration von Menschen kommt, Barbarei und einem individuellen Machtausbau. Es gilt also, ein Gleichgewicht herzustellen, zwischen kreativer Freiheit und dem Gesetz des Landes, in dem man lebt. So etwas wie Volgin und Alexander dürfen sich im übertragenen Sinn hier in dieser Stadt nicht wiederholen. In den Büchern wird beschrieben, wozu das letztendlich führte, Krieg, Not, Trauer.

Wichtig ist, denke ich, ein Maß zwischen Autorität als Administrator und dem Einhalten der gesetzlichen Bestimmungen um einen herum. Die Urkundenwerksta(d)tt, der Gedanke der Bürgeruniversität, all das sind kommunistische und egalitäre Ziele, dass jeder denselben Zugang zum Erfolg, zum Glück und zur Bildung haben soll. Das soll den Neid unterbinden. Der Neid kann dadurch auch aktiv bekämpft werden.

Die Klassengesellschaft ist auf diesem Blog aufgehoben, da in der Fiktion jeder Professor, Dozent usw. weiter sein kann, wobei da wieder entscheidend ist, dass z.B. "ungeschützte Berufsbezeichnungen" verwendet werden sollen, um die Legalität nach Außen zu sichern. Ich bin z.B. Direktor dieses Sendezentrums, habe aber diktatorische Vollmachten in dem Sinne, dass ich z.B. festlegen kann, welche Kommentare zugelassen werden, welche Videos abgedreht werden, und dass nur ich Zugang zum virtuellen Unternehmen habe (es sei denn, es gibt einen Hacker-Angriff).

Neid fließt in jedem Fall in das Leere, weil ich in der Fiktion nicht aufgehalten werden kann und das ist auch ein Ziel, was ich mir für die anderen Leser wünsche, reale Unmöglichkeiten zumindest in der Fiktion zu überwinden, zwischen zwei Welten zu gehen, aber auch gleichzeitig dafür zu sorgen, dass die Fiktion kritisch betrachtet wird und sie sich teilweise in die Realität abbildet. Zusammenfassung: Kontrolle der "digitalen Diktatur" innerhalb der Demokratie geschieht in erster Linie durch einen Selbst und durch die verantwortungsvolle Kommunikation und die Einhaltung der Gesetze des Landes, in dem man lebt.

Eine absolute Freiheit gibt es hier nicht, weil sonst ein Vakuum und ein rechtsfreier Raum entstehen können, die zum Untergang der Demokratie und der Republik führen (im Sinne einer "öffentlichen Sache"), wie z.B. durch Hasskommentare gegenüber Religion, die auf dem Literathon verboten sind. Kritisch-konstruktive Kritik ist dagegen erlaubt.

Das Tri-Konzept

Die Zahl 3 spielt beim Konzept des Literathons eine sehr wichtige Rolle, sie legt gleichzeitig auch Grenzen und Möglichkeiten dieses Konzepts vor. Ich habe auch mal gehört, dass Unternehmen einen Fokus brauchen. Das heißt, nicht so viel und nicht zu wenig Inhalt, der genau aufeinander abgestimmt ist.

1.   Das virtuelle und fiktive Sendezentrum als Kulisse und Stadt

2.   Reale Bilder und Videos, die in diese Kulissen eingefügt werden (YouTube-Kanal)

3.   Texte und Bilder

Es ist eine Mischung zwischen einem **analogem** und **digitalem** Konzept, sowie eines fiktiven und realen Konzepts, die alle beide aufeinander abgestimmt werden, um das Tri-Prinzip zu speisen und zu unterstützen.

1.   Digitale Kirche

2.   Literarisches Teezimmer

3.   Sendungen

Das Laufen mit Mehrwert übernimmt, wie im antiken Griechenland oder im Stoa-Glauben, die Funktion eines **Logos**, der die gesamte Welt durchzieht und so neue Ideen aus der Fiktion wie aus der Realität genommen werden.

Logos bedeutet auch „Wort" und „Rede", also sollen konkrete Schreibideen entwickelt werden, Worte. Das monatliche Rundschreiben des Literathons sind dann quasi die Leseproben.

1. Krakeln

2. Tippen

3. Entwickeln

Dieses Konzept mündet in die konkrete Entwicklung von Schreib- und Buchideen, hier in Form des "Krakelns", das heißt, dass man immer ein Notizbuch bei sich tragen soll, auch während des Laufens und während eines Besinnungshaltes auf dieser Tour, um die Ideen aus dem "befreiten Geist" heraus zu entwickeln. Dann geht es darum, diese Notizen abzutippen, auf dem Computer, und gegebenenfalls weiterzuentwickeln und daraus ein konkretes Buch mit drei oder mehreren Abschnitten zu entwickeln. Das Tri-Konzept sorgt dafür, dass die Stadt und der Einzelne nicht überlastet und gleichzeitig auch gefordert werden können.

Die Zahl 5 ist immer so eine Begrenzung der Stadt und ihrer Gebäude. Ich versuche mich auf die wesentlichen Aspekte zu beschränken, also nur maximal 5 Sendeplätze pro Woche. Dann gibt es Instagram, Twitter, Strava, YouTube und Facebook als höchste Begrenzung für soziale Netzwerke und Kanäle usw., wo die „Gemeindemitglieder" herkommen.

Ist dieses Konzept sinnvoll und durchdacht? Wo sind Grenzen und Möglichkeiten dieses Konzepts? Gibt es weitere Vorschläge und Ideen?

3. Kunstprojekte[21]

Die Herrenanlage aus Minecraft

Das Herrenhaus aus Resident Evil (1996 / 1998) kennen sicher alle. Ich hatte 2017 versucht, das Gebäude und die Anlage (Herrenhaus, Garten und unterirdische Anlage, Labor, Residenz und Schlafräume) nachzubauen und dabei entstand etwas Neues und wahrscheinlich auch Einzigartiges, z.B. dass das Labor mit einem Wasser-Magma-Gemisch mit Strom versorgt wird, oder dass ein gigantisches Blocklabor entstand. Im Grunde habe ich aber vieles so gelassen, wie im Spiel. Es gibt eine gigantische Pflanze, einen Wassertank zur Versorgung dieser und anderes. Viel entscheidender ist noch, dass ich die Kontraste stärker gesetzt habe. Es gab in dem Haus auch heilige Räume, die aber in einem scharfen Kontrast zu diesen "Forschungen" stehen, z.B. wenn ich jetzt eine Kapelle in der Anlage einbaue. Der Zugang zu dem Labor ist streng reglementiert. Es liegt unter einem geheimen Brunnen. Niemand würde ahnen, was sich wirklich hinter oder besser gesagt unter diesem Haus abspielt. Dabei interessierte mich im Nachhinein die praktisch-philosophische Perspektive auf das Thema der Wissenschafts- und Bioethik. Das heißt u.a.: Welche Dinge dürfen erforscht werden, damit sie der Menschheit nicht schaden? Wo liegen die Grenzen der Forschung? Was hat das für Konsequenzen in Hinblick auf Moral, Konfessionszugehörigkeit usw.? Den Umgang mit Biowaffen und seine Legitimierung gab es schon zwischen den Weltkriegen, aber in einer anderen, "milderen Form". Die

---

21 Für Bilder, für die ich keine Genehmigung erhalten habe, muss ich auf meine Galerie auf der Seite www.der-literathon.jimdofree.com verweisen. Ich kann sie hier nur so als Text beschreiben. Das Bild selbst muss angeschaut werden.

Genfer Konvention regelte u.a. den Umgang mit Biowaffen (z.B. Gaswaffen, die in der Schlacht von Verdun eingesetzt wurden). Auch schon im Mittelalter gab es Biowaffen, indem z.B. Hornissennester auf feindliche Truppen geworfen oder Kadaver auf Katapulte geladen wurden und schwere Krankheiten in den Städten auslösten, oder dass z.B. Brunnen vergiftet worden sind, um die Bevölkerung zu demoralisieren. Hier an dieser Stelle wird dieser Umgang anscheinend etwas relativiert. Das heißt: Es gibt immer noch geheime Biowaffenforschungen, trotz der Verbote und Einschränkungen durch Gesetze und Regelungen. Wie z.B. in der Fiktion "Resident Evil", das in den 1990er Jahren spielt. In dem Computerspiel brach zu Beginn der so genannte T-Virus aus (ein Virus, das abgestorbene Zellen wiederbelebt (auch im noch lebendigen Körper (!), der dann langsam mit spezifischen Symptomen mutiert), das heißt den Tod "auf eine andere Art" überwindet), an dem die Forscher in einem geheimen Labor unter einem Herrenhaus (das Spencer-Anwesen) arbeiteten. Das Virus geriet aber außer Kontrolle und stand wahrscheinlich noch in der Frühphase und die Folgen dieser Fehlentwicklung waren fatal. In Folge dessen wurden sämtliche Mitarbeiter mit diesem Virus verseucht, sowie viele der untersuchten und entwickelten Subjekte brachen aus, die sich in Zombies verwandelten. Aus Raccoon City brachen zwei Teams der S.T.A.R.S. auf, um diesen Fall zu untersuchen. In Wahrheit sollten sie in das Anwesen gelockt werden, damit die Forschungsfirma Umbrella Testergebnisse sammeln konnte, der das Labor gehörte. Aber vielleicht lässt sich dieses Labor ja auch in ein gutes Labor verwandeln? Auch angesichts der Corona-Krise, der vielen Verschwörungstheorien, kann dieses Thema interessant sein. Vielleicht sind wir schon alle „Masken-Zombies".

Filmprojekt zum Filmwettbewerb der Nordkirche zum Thema "Luther, lass mich auch mal ans Ruder"

Auf dem kleinen Zettel:
"Liebe Kirche,
ich hoffe, dass ihr ihr Gott *nicht* vergessen habt, wenn ihr nicht nur eine offene Kirche für euch sein wollt, sondern für Andere (nach W. Krusche), für alle Menschen.
Die Tür soll offen bleiben, extrovertierten wie introvertierten Menschen, Alpha- und Nicht-Alpha-Tieren und allen ihren Gotteserfahrungen. Wir sind zwar zur Welt gerichtet und müssen etwas leisten, weil alle etwas leisten. Aber es bleibt auch etwas aus, was nicht in unserer Macht liegt – die Macht Gottes, die uns führt, wenn wir an die Grenzen unseres Charakters und Seins stoßen. Unser Leben und Glaube kann wachsen. Ein gewachsener Lebens- und Glaubenslauf kann nicht bei einem jungen Studenten und Vikar vorausgesetzt werden. Wer weiß, was die theologische Leidenschaft aus uns macht? Nach Röm 3, 27: "Der Mensch wird nicht gerecht aus den Werken, sondern aus dem Glauben" und der unbegrenzten Liebe Gottes zu allen Charismen, Talenten (1. Kor 12, 7) und Schwächen, was einen Prediger des Evangeliums authentisch macht (nach W. Engemann).

Das war der Beitrag zu einem Filmwettbeweb von der Nordkirche, der leider nicht mehr stattfinden konnte, weil 2017 zu wenig Einsendungen eingingen, aber vielleicht findet das Projekt jetzt durch diesen Band Aufmerksamkeit. Es geht darum, dass sich die evangelische Kirche immer wieder reformieren muss, das kein abgeschlossener Prozess ist und das in der Hand des einzelnen Gläubigen liegt, wie die Kirche reformiert wird.[22]

---

22 Das Bild von der Tür konnte ich mit der jeweiligen Quelle nicht mehr finden. Für Hinweise bei einer Neuauflage bin ich dankbar.

Der Insel-Hüpfer-Park

Der Insel-Hüpfer-Park (mit einer vorgefertigten Achterbahn) war ein Projekt vom Januar 2018. Das war ein Projekt zu Erstellung einer Parkanlage. Auf der linken Seite gab es den Eingangsbereich mit Geschäften und Kiosks. In Mitte gab es Attraktionen und ein Schwimmbad. Auf der rechten Seite gab es weitere Attraktionen und eine Achterbahn. Der Park hatte eine hohe Beliebtheit und brachte sehr viele Einnahmen. Grundlage war das Spiel: Rollercoaster Tycoon 3 (von 2004).

Teezimmer

1. Eine starke Persönlichkeit sein oder werden? - Wie geht das?

Vorstellung des Blogs und der Website „Der Literathon"

Entstanden ist die Idee ursprünglich im Herbst 2016, als ich die Idee hatte, einen Verlag „PoliS" mit meinen eigenen Werken zu gründen. 2012 lief ich meinen ersten "freiwilligen" Lauf als Teil einer Vorbereitung für eine Staffel meiner Heimatfakultät in Rostock. Die Theologische Fakultät trat da hin und wieder beim Rostocker Citylauf an. Ich war noch im 1. Semester des Pfarramtsstudiums und ich dachte mir, komm doch endlich mal von der Couch runter und starte hier ein anderes und ein vielleicht besseres Leben, als die 10 Jahre zuvor. Ich kann mich daher noch an meinen ersten Lauf erinnern, er war im April 2012, als ich mit dem Training begann und ich lief um das Wohnviertel herum, eine halbe Stunde etwa, wo ich als Student unterkam.

Ich wusste, dass ich bei diesem Staffellauf im nächsten Monat 3 Kilometer laufen sollte. Darauf wollte ich mich vorbereiten. Und ich erinnere mich, dass er wohl der schwerste Lauf überhaupt war. Ich hatte an die 8-10 Kilo Übergewicht und das schon viele Jahre.

Die mit sich zu schleppen, war sehr schwer, oder überhaupt los zu werden. Wie sollte das gehen? Ich merkte das zunächst nicht. Erst als ich meine Runde fertig hatte und auf der Couch zusammensackte, bekam ich kurz darauf ein Gefühl, das unbeschreiblich schön war, als wäre mein Körper "verliebt" gewesen, in das Laufen als sportlicher Gegenstand. Und das steigerte sich dann in den nächsten Wochen, bis ich 21 Kilometer am Stück laufen konnte. Beim Citylauf lief ich dann die 3 Kilometer unter 15 Minuten und der Teamleiter war mit mir zufrieden. Doch als der Sommer vorbei war, fiel auch das Laufen weg. Ich hatte damals kein Geld für eine Laufausrüstung im Winter. Erst ein paar Jahre später, legte ich mir einen Thermo-Anzug zu.

Dann besuchte ich an der Universität Rostock 2016 ein Seminar zu den „Erfolgsfaktoren Beruflicher Selbständigkeit" und stellte das Projekt vor, das leider nicht von meiner Gruppe angenommen wurde, weil die Idee damals noch sehr unausgereift war und gerade mal ein Buch fertig gestellt wurde. Auch stand ich kurz vor der 10-monatigen Examensphase, die aus 11 Prüfungsleistungen bestand und meine Vorleistungen alle nicht zählten. Es begann eine sehr stressige Zeit und da bin ich dem Laufsport auch sehr dankbar, dass er mich etwas beruhigt hat und ich am Ende die 6 mündlichen Prüfungen in 4 Stunden 2018 überstand. Tage zuvor war ich noch eine Halbmarathon-Distanz von Rostock nach Warnemünde und zurück gelaufen. Und ich wusste, ich konnte alles schaffen, wenn ich es nur wollte. Aber da war noch kein Platz für die Idee mit dem Verlag.

Ich schrieb ein Buch über die Gebetspraxis und entwickelte eine Theorie des offenen Gebetes, ohne Angst davor zu haben, falsch oder anders zu beten. Dieses Buch habe ich dann mit dem Buch des "Hausgottesdienstes" verbunden, um eine Art "Material-Maschine" für das jeweils andere Buch zu haben. Ich habe schon sehr viel geschrieben und ich kann daher einige Vorarbeiten schon auf meinen Blog bringen, als "Leseproben". Doch der Reihe nach.

Was ist das Ziel des Literathons? Es greift auch ein bisschen die Frage und das Thema auf, was ich heute behandeln möchte. Der Literathon möchte eine alternative Laufform in der Verbindung zwischen Theologie, Kunst und Sport finden, zur Bereicherung des eigenen Lebens zeigen, anhand des Konzeptes "Laufen mit Mehrwert". Es geht darum während des Laufens, Gehens und Flanierens sein Notizbuch mit sich zu tragen und gegebenenfalls Gedanken für seine zu entwickelnden Bücher aufzuschreiben. Ich habe die Erfahrung gemacht, dass während des Laufens mehr Gedanken durch das besser durchblutete Gehirn entstehen, diese aber auch sehr schnell wieder verschwinden können, wenn die Durchblutung nachlässt, also müssen die Gedanken während des Laufens, z.B. in einer Pause aufgeschrieben werden. Aber auch während einer Wanderung ist das möglich. Ich unterscheide da nicht zwischen Laufen und Gehen. Jeder, der sich bewegt, ist ein Athlet, habe ich einmal gehört. Das gesamte Projekt ist daher auch eine Entdeckungslaufreise. Ich habe zwar einige Ideen und Methoden gesammelt. Doch erst mit der Zeit werden sich neue Möglichkeiten entwickeln.

Eine starke Persönlichkeit – Was ist das?

Es geht um das Individuum, die Person, kein Personal, kein Zahnrad in einem System, nicht nur mehr als das, sondern ein Individuum, nicht austauschbar, für sich stehend, unersetzbar für die Freunde, für die Familie (Aspekt der Stellvertretung bei Dorothee Sölle).[23]

    Es ist etwas Persönliches, etwas was mit der Person verbunden wird. Eine Abgrenzung, ein Privatbereich, ein Geheimnis, ein privater Raum mit einem Subjekt, der nur mir gehört und den ich persönlich weiterentwickeln kann oder sogar muss. Ich habe die Freiheit zu nutzen, die letztendlich auch eine begrenzte Freiheit ist, aber doch ist da der Gedanke, aus seinem Leben immer so viel zu machen wie

---

23 Sölle, Stellvertretung, 24.

möglich. Das ist die Optimum-Gesellschaft. Das kann zur Überlastung führen.

Es gilt das Prinzip der Stärke nach Außen, der Schwäche nach Innen und des Angst-Nehmen-Lassens. Dabei gibt es das Problem des Mitleides, der Passion – Warum schenken wir Mitleid? Diese Person ist uns wichtig. Sie soll wieder erbaut werden, in ihrem Handeln, in ihrer Freiheit, fähig werden sich selbst zu helfen. Aber Mitleid kann anstrengend sein, wenn die Kontexte des Gesprächs oder die passenden Worte fehlen und unbekannt sind und man nicht weiß, wie und ob sie überhaupt „ankommen".

2. Du, der Läufergott. Laufen zwischen Immanenz und Transzendenz, göttlicher und wirklicher Welt.

1.Adventskalender-Laufstreak 2018[24]

Jeden Tag so viele Kilometer laufen wie der Tag angibt, ist sehr hart. Es fing gut damit an, man könnte doch mal weniger laufen, minimalistischer, disziplinierter, sich an genaue Kilometerzahlen halten, als immer große Marathons und Halbmarathons zu laufen. Aber querfeldein durch die Stadt laufen, kann ganz schön langweilig sein. Immer zu Kurven, die einen bremsen. Ampeln, an denen man halten muss. Dabei geht viel Zeit verloren. Es gab technische Probleme: Ausfall des GPS-Systems, das Schrittzählersystem ist etwas ungenau, aber auch das GPS funktioniert nicht immer richtig. Kilometer werden manchmal "unterschlagen". Die Laufuhr ist wegen Batteriemangel ausgefallen und ich musste die Entfernungen manchmal schätzen. Das ist auch der Aspekt der Selbstkontrolle und Verifikation, die sich beide

---

24 S. auch die vertiefende Erklärung im Abschnitt "Texte".

wechselseitig bedingen. Die erste Hälfte ist geschafft, rund 80 Kilometer von 300. 220 werden in den kommenden 12 Tagen folgen und ich habe etwas Angst, aber ich werde die Distanzen wahrscheinlich in 2 oder 3 Etappen laufen

1. Begriffsklärungen

Religionswissenschaftlich ist u.a. Theodor Flourney entscheidend. Transzendenz ist ein religionspsychologischer Gegenstand. Die Religionspsychologie beschäftigt sich mit der Frage: Warum ist der Mensch religiös?[25] Es ist eine grundlegende Wirklichkeit, Teil des Bewusstseins des Menschen. Jeder Mensch ist fähig zum transzendenten Denken. Das verschwimmt mit nicht-religiösen Fragen und hat fehlende Kriterien. Es ist nach oben hin offen, was echte und nicht echte Religion ist. Das schließt die Wahrheitsfrage ein, ist Teil der subjektiven Deutung, was Religion ist und was nicht, und auch Teil einer hermeneutischen Freiheit. Die Immanenz ist Teil der Transzendenz, die die wirkliche Welt übersteigt, sie in einen neuen Sinnzusammenhang bringt, ich gebe meinem Leben durch mein Selbstbewusstsein und der Fähigkeit zum religiösen Denken einen transzendenten Sinn. Diese Abläufe sind auch immer Teil der wirklichen Welt und meines Kopfes, der jetzt hier ist und nicht in transzendenten Sphären.

---

25 Hock, Religionswissenschaft, 129f.

2.Gott – Läufer – Mensch - Dreieck

Läufer als Mittler oder Gott? Ich würde eher sagen, er ist ein Nutzer der Motivation. Eine Flow-Erfahrung setzt nach 30 Minuten ein. Man fühlt sich "göttlich", könnte ewig weiter laufen, die Beine sind warm, "in Fahrt", unter hoher Spannung, und hier liegt der Haken, durch den man wieder festen Boden kriegt. Denn das vermeintlich Göttliche hat eine konkrete, biologische Ursache. Eine Muskelspannung sorgt für die "göttlichen" Gefühle. Man ist trotz aller Transzendenz im Hier und Jetzt und nicht woanders, obwohl man dazu fähig ist. Alle drei Ebenen fallen zusammen, wobei der Mensch ein Läufer bleibt und umgekehrt. Eine Nebenwirkung kann es sein, sich zu überschätzen. Ja, ich laufe und laufe über 3 Stunden, in mir schlummert eine geheime Kraft (Läuferhoch-Mythos). Doch dem ist nicht so. Es handelt sich um eine biologische Konstante, die einen wieder in die Immanenz zurückholen kann. Dazu gehören auch Verletzungen, Halte usw. Man sollte sich deswegen auch nicht zu sehr der Läufer-Transzendenz hingeben, um sein eigenes Selbst in der Immanenz vor Gefahren zu schützen oder dem "Bau von Luftschlössern", z.B. dass man glaubt, man könnte nach dem ersten Lauf schon, aufgrund dieser transzendenten Erfahrungen, einen Marathon laufen, sondern immer auch die Realität mit der Fiktion und den Träumen abgleichen.

3. Die relative Best(kilometerzahl)zeit

1.Adventskalender-Laufstreak-Bericht 2

19 Tage sind seit Beginn des Projektes vergangen und das „dicke Ende" nähert sich sehr schnell – die 5 Halbmarathons bzw. Ultra-Halbmarathons jetzt in 5 Tagen und ehrlich gesagt, es ist etwas eingetreten, was ich so für nicht ganz möglich gehalten habe. Am zweiten Tag fragte ich mich, ob es schlimmer oder erfüllender sein werden wird. Ja, ganz klar zweites. Und heute lief ich zeitweise bis zu 15 km/h pro Stunde, was ich für ein kleines Laufwunder halte, aber mein Körper einfach mehr wollte und ich ihm gab, was er wollte. Schon verrückt, aber sonst wurde er depressiv.

Ich lief mit meiner Mineralwasserflasche in der Hand, als Quasi-Staffelstab, die mir beim Laufen sehr geholfen hat. Das Wasser stärkte meinen Körper sehr und ich verhinderte, dass ich austrocknete und zu viele Mineralien verliere, was lebensgefährlich sein kann. Nach jedem Schluck fühlte ich mich deutlich wohler. Zwar hatte ich jetzt Tage gehabt, wo es sehr kalt war und ich nach Innen ausgewichen bin, um auf der Stelle oder in der Wohnung im Laufbandmodus meiner Laufuhr zu laufen, aber das war lustig, ich bekam einen totalen Laufdrehwurm und mir wurde übel. Ich konnte ein paar Besinnungshalte einlegen, wo ich zur Ruhe kam, und plötzlich wieder sehr viel Kraft hatte, weiter und schnell zu laufen. Ich sah Maulwurfshügel, sehr viele, eine Käferfarm, die leider leer war, oder Schaumstreifen auf dem Wasser bei der Kiellinie. Und dann diese kalte, saubere Luft in den Lungen. Ich bekam einen Tag lang immer zu richtig gut Luft. Schlecht war immer der kalte Gegenwind, dem ich dann gerne ausgewichen bin.

2.Die relative Best(kilomenterzahl)zeit

Zunächst mache ich eine Wiederholung. Die Frage zu der Unterscheidung zwischen Transzendenz und Immanenz vom letzten Teezimmer: Was holt uns in die Realität aus dem Laufflow zurück? Deswegen variieren auch die Bestzeiten. Die sind abhängig von den Umständen, Kontexten um uns herum: Halt an Ampeln (finde ich wichtig, sich als Läufer auch an Verkehrsregeln zu halten). Es gibt Läufer, die laufen einfach bei Rot rüber, was normalerweise 5 Euro Bußgeld bedeutet.

Außerdem kann ich diese Zeit zur Besinnung benutzen. Bei der Spielstraße (nicht mehr als 4 km/h) wird es schwieriger. Dabei geht viel Zeit verloren. Man kann die Laufuhr natürlich auch anhalten, aber ich lasse sie meistens weiterlaufen. Das verbessert zwar die Zeiten nicht, sondern verschlechtert sie erheblich, aber die Besinnungshalte werden Teil des Laufens, das Halten an Ampeln wird zum Vorbild-Sein.

Und das kann auch sehr erfüllend sein, als läuferischer Mehrwert. Ein Beweis dafür, dass der Literathon funktioniert und der Mehrwert des Laufens. Deswegen sind die Bestzeiten immer relativ. Obwohl du in den Augen der einen eine „schlechte" Zeit abgeliefert hast, hast du für dich oder jemand anderes, eine „Superzeit" im anderen Sinn erreicht, das heißt, du hast die zusätzliche Zeit mit etwas anderen gefüllt, was dich zum Sieger macht.

Beim Rostocker Citylauf, wo ich beim Halbmarathon antrat, sammelte ich die Plastikbecher, die die Läufer einfach so auf den Boden geworfen haben. Fand ich nicht in Ordnung. Zwar werden die wieder von den Wasserteams aufgesammelt. Aber man kann ihnen ja auch Arbeit abnehmen. Ich nehme ja auch ihr Wasser in Anspruch, also ist es mehr als gerecht, dass ich helfe. Am besten war dann, dass einer der Moderatoren das sah und mich mit meiner Startnummer aufrief und mir "Extra-Zeit" versprach und die Leute mir zu jubelten. Also Laufen kann in diesem Sinn einen anderen Wert haben und eine andere „Bestzeit" aufgestellt werden. Ich möchte in Zukunft eine Formel entwickeln, die diese Zahl bestimmen kann. Eine Grundzeit minus den Zeitverlusten durch jeweilige Umstände. Das muss ich aber noch testen. Pro Ampelhalt wird eine Minute oder mehr abgezogen.

Zusammenfassend: Die selbst zu bestimmende, relative Best(kilometerzahl)zeit ist eine Schnittmenge aus subjektiven und objektiven Gegebenheiten. Ich laufe ein Tempo nach meinen Konditionen und Begabungen und zweitens ist die Zahl von äußeren Umweltfaktoren oder Kontingenzen abhängig, wie z.B. Wind, Wetter, Sturm, Verletzungen, Unglücke, Ampeln usw. Du kannst immer der „Beste" ein, wenn du erkennst, dass du unter den gegebenen Umständen dein Bestes gegeben hast. Daher sind auch deine Ziele und Erfolge genau so viel Wert, wie die schon erreichten der Anderen, auch in der Fiktion, wenn du z.B. von ein einem besonderen Lauf träumst. Wichtig ist und bleibt aber eine (Teil-) Abbildung in die Realität, um nicht in der Fiktion allein zu versinken. Vielleicht vertagen wir das auf das nächste Teezimmer nochmal: Die Frage nach den gewachsenen LebensLäufen als Teil der Optimum-Gesellschaft und das in der Fiktion ein größtmögliches Optimum möglich ist, aber auch real verwirklicht werden muss. Doch was kommt jetzt? Ich gehe in die Weihnachtspause, aber nicht ganz in die Laufpause, obwohl ich wahrscheinlich deutlich kürzer trete, um mich von diesem

Streak zu erholen. Über die Feiertage bin ich bei meiner Familie.

Am 1.1. bin ich beim Rostocker Neujahrslauf dabei und wahrscheinlich veranstalte ich den 1. None-PStop-Running-Day des Literathons. Ich werde mich da früh morgens mit einem kleinen Rucksack aufmachen und so lange laufen, wie es geht und ich bin gespannt, wie viele Kilometer ich schaffe, auch um den fiktiven und imaginierten Pluto-Umlauf weiter zu schaffen. Dabei soll der Spaß und die Lust am Laufen im Vordergrund stehen, aber auch die Datensammlung und der Sprung über die 3 Stunden Marke, was notwendig ist, um diese Distanzen zu überstehen. Höchstes (fakultatives) Ziel ist es, eine Ultramarathon-Distanz zu schaffen.

4. Lied-Meditation: "Von guten Mächten wunderbar geborgen" und der gewachsene LebensLauf

1. Meditation Dietrich Bonhoeffer – Von guten Mächten wunderbar geborgen

Ein Jahr geht zu Ende. Anfang und Ende ergänzen sich erneut. Ein Ende bedeutet auch einen neuen Anfang. Und letztlich ist es doch nur eine Zahl, die die Erdumdrehungen um die Sonne angibt. Obwohl sie schon Orientierung und einen Maßstab bietet. Diese sind aber schon selbstverständlich. Warum das Jahr dann nicht immer als "Jahr 1" bezeichnen, das auf das Jahr Null gesetzt wird? Wahrscheinlich wird das für die Geschichtsschreibung zu kompliziert. Die geschichtlichen Ereignisse verlieren dadurch ihre Vergangenheit und Zukunft, da sie immer im Jahr 0-1 stattfinden. Zeitrechnung bedeutet Ordnung der Pluralitäten. Und das ist gut. Aber gleichzeitig wächst dadurch viel an vergangener Zeit an und das kann Angst machen. Früher war alles schwerer. Früher ging es uns nicht so gut. Doch der gewachsene LebensLauf kann schon Angst machen. Daher lebe im Hier und Jetzt. Das betont auch Dietrich Bonhoeffer. Ein Lied ohne Zeit.

„Noch drückt uns böser Tage schwerer Last. Ach Herr gib unseren aufgeschreckten Seelen das Heil.
Schwerer Kelch des Leids. Wir empfangen ihn dankbar. Grenzenloses Vertrauen zu Gott.
Wir wollen des Vergangenen gedenken und dann gehört dir unser Leben ganz. Lass warm und hell die Kerzen heute flammen. Wenn sich die Stille nun tief um uns breitet. Welt, die sich unsichtbar um uns weitet. Gott ist bei uns am Abend und am Morgen und ganz gewiss an jedem neuen Tag."[26]

Gott ist hier zu jeder Lebenszeit. Die Transzendenz weitet sich um die Immanenz. Gott kommt her in diese Welt, wir kommen nicht in seine Welt (s. der Läufergott).
Wahrscheinlich wird der Literathon nach einem 1. Jahr neu gestaltet und das erste Jahr mit einem Sammelband abgeschlossen. Dann beginnt wieder ein neues Jahr.[27]

---

26 Koziol, Gott, 218.
27 Ich habe später entschieden, dass alle zwei Jahre ein zusammenhängender Band entstehen soll, als Teil der Reihe "Auf Entdeckungsreise".

2. Deinen zukünftigen LebenLauf schreiben

Es ist ein bisschen wie das: Die Löffelliste schreiben oder die Idee: Schreibe deine eigene Beerdigungspredigt. Doch sind diese beiden Ideen sehr negativ und beängstigend. Das Leben kann dadurch vergessen werden. Deswegen mehr eine Idee im jetzigen Leben. Schreibe deine bisherigen Lebensstationen auf einen Zettel und dann überlege dir weitere Stationen, die du in den nächsten Jahren erreichen möchtest. Du wirst sehen, dass dein Lebenslauf genauso lang wird wie die von den Anderen und du brauchst keine Angst mehr haben oder Ehrfurcht, dass du noch nicht so viel erreicht hast. Es ist eine Frage der Zeit und wahrscheinlich wirst du nicht alle Ideen und Zeiten umsetzen können. Aber Walt Disney sagte mal: „Wenn du dir etwas erträumen kannst, dann kann es auch wahr werden." Träume werden daher zur Inspirationsquelle, eine Art fiktive, lebenshistorische Quelle. Es ist Teil der Fiktion und der Phantasie, die das Selbstbewusstsein stärken können, aber es muss auch immer einen Spiegel in die Realität geben, das heißt, man darf nicht gänzlich in die Transzendenz versinken (das haben wir beim Teezimmer über den "Läufergott" gesehen). Mich stören immer solche Worte: "Ich bin schon so viele Kilometer, so viele Ultra-Marathons gelaufen." Ja, in einer vergangenen Gegenwart vielleicht, aber auch in der Zukunft? Andererseits kann das ja auch in die Zukunft hinein imaginiert werden. Zahlen haben immer etwas abgeschlossenes, sind Ergebnisse der vergangenen Zeit. Oder ich bin schon so oft auf Reisen gewesen. Ja, da fällt mir ein Bild ein von einem etwas üppigen Menschen aus einem Zeichentrickfilm ein, der sich an seinen früheren Erfolgen als Muskelprotz erinnert bzw. fast schon ergötzt.

Was vergangen ist, ist vergangen, was zukünftig ist, das kann noch werden. Das liegt nun in deiner Schreibhand. Schreibe und handle dann. Das ist letztlich auch wichtig, sonst entstehen "Luftschlösser", wobei diese Luftschlösser ja auch z.B. in einem Computerspiel entworfen werden können (wie Minecraft). Vielleicht versuchst du es mit kleinen und großen Zielen und irgendwo in der Mitte trifft dann das ein, was du wolltest. Also habe keine Angst vor langen Lebensläufen, denn du kannst auch einen haben. Außerdem haben die Anderen schon mehr genutzte Vergangenheit hinter sich, aber du hast noch mehr Zukunft vor dir. Nutze jeden Tag.

3.Grundsatzdiskussionen im Teezimmer

Ich habe das Gefühl, dass der Website noch etwas das Profil fehlt. Die Sport-Geist-Frei-Formel steht ja schon. Wir laufen, um unseren Geist für den Ideenreichtum zu befreien, die den Literathon prägt. Fest steht auch schon, dass er konfessionslos ist, das heißt, welcher Religion du angehörst oder ob du Atheist bist, ist egal. Es werden sowohl christliche als auch weltliche Angebote, wie z.B. das literarische Teezimmer, angeboten oder auch Sachen von anderen Religionen, wie ein hinduistisches Yoga in der "Halle der Religionen".
Aber mich interessieren auch noch weitere Diskussionen, wie z.B. meine (skeptische) Position zur veganer Ernährung oder überhaupt pflanzlicher, da diese Projekte auf einem aufstrebenden Ast sind. Eine vegetarische Ernährung kann ich noch nachvollziehen, aber nicht darüber hinaus. Dann gibt es auch Probleme zu lösen. Wenn ich diese digitale Kirche in der Schreibwerkstadt aufbaue, dann

frage ich mich, wie z.B. eine gottesdienstliche Handlung oder überhaupt ein Ritual über den Kopfhörer vollzogen werden kann? Oder anders gefragt: Wie kann man jemanden durch den Kopfhörer segnen, ohne dass die Hand auf den Kopf gelegt wird? Diese Grundsatzdiskussionen sollen das Profil schärfen und die Ideen in geordnete Bahnen lenken. Deswegen wird es auch so Themen geben wie z.B. "Lichtnahrung und Veganismus. Das Problem ihrer hinkenden Argumentationsstrukturen" oder "Alleine leben. Wie kann man auf andere Art Leben weiter geben?", zum Thema der wachsenden Single-Gesellschaft. Wissenschaft hat immer etwas mit Kritik und Ausgleich der Meinungen auf Grundlage von Quellen zu tun.

5. Predigten im Katastrophenfilm. Hoffnung angesichts einer ausweglosen Situation[28]

Das 19. Jahrhundert ist der Zeitpunkt eines Umdenkens in der Homiletik. Die Lebenswelt und die Erfahrungen des Einzelnen in der Familie stehen im Mittelpunkt (liberale Theologie), auch im Sinne Schleiermachers, an Lebenszeitübergängen, wo Begleitung notwendig ist, durch einen Pfarrer. Wo etwas Altes abbricht und etwas Neues anbricht, steht möglicherweise ein Ritual im Mittelpunkt. Es ist weniger eine Verkündigung (Rudolf Bohren, Manfred Jossuttis). Die Christusverkündigung wird "zweckentfremdet". Der Pfarrer wird zum „Zeremonienmeister", die Anfänge der freien Theologie. Dabei gibt es auch heute neue Formen von Predigten, wie z.B. im Katastrophen-Fall, wobei hier zunächst eine Einführung in die Predigtlehre angesichts einer

---

28 Ich beziehe mich hier auf die Ausführungen von Engemann, Einführung in die Homiletik, 316-326.

bestimmten Situation beziehungsweise eines Anlasses (Kasualie) geleistet werden muss. Ein Beispiel ist der Film "Titanic" von 1997.

Aber es geht nicht nur um Worte, sondern auch um Gesten, eine rettende Kommunikationssituation. Die freie Gestaltbarkeit einer Kasualpredigt angesichts einer Situation führt zu einer Entlastung, Worte zu finden, Ängste dadurch zu kanalisieren und Halt angesichts von schwierigen Lebenssituationen zu geben. Adressaten überschreiten die Grenze zwischen Gemeindemitgliedern und Nicht-Gemeindemitgliedern von öffentlichem und nicht-öffentlichem Ritus. Kirche wird zu einer "Karawanserei" (Michael Nüchtern), eine Kirche bei Gelegenheit. Das ist auch von der Situation abhängig, der Kontaktaufnahme mit Distanzierten zur Kirche. Es gibt keine Unterscheidung zwischen starkem und schwachem Glauben. Die Lebenskunst ist angesichts der Sterbekunst im Mittelpunkt. Eine Plausibilität des Evangeliums herzustellen, bedeutet gleichzeitig eine Kommunikation des Evangeliums. Die Quellen einer Predigt sind z.B. das Vor- und Nachgespräch der Predigt, eine bestimmte Lebenssituation und der Predigttext und kleine, darauf aufbauende Texte mit Existenzdimensionen. Hier steht etwas auf dem Spiel, ist hoch brisant. Aber nun konkret. Predigten im Katastrophen-Fall-Film.

Es ist der Prediger John Tabor auf der Titanic. Er ist mit dem Schiff untergegangen und soll in der letzten Stunde unermüdlich den Menschen gepredigt haben, als die Rettungsboote schon alle besetzt waren und von den 2200 Menschen nur etwa 700 in den Booten gerettet wurden. Das Wasser ist eiskalt. Es gibt keinen Ausweg. In dem kalten Wasser überlebt der menschliche Körper keine 20 Minuten. Es fehlt einfach die Zeit. Die „Carparthia" ist noch zu weit von dem Schiff entfernt und benötigt 4 Stunden, um die Titanic zu erreichen. Es gibt kein Predigtvorgespräch.

Das eindringende Wasser im Vorschiff zieht das Schiff immer weiter in die Tiefe. Daher befinden sich die Menschen hier in der Mehrheit an der "Schwelle zum Tod". Es ist daher ein Extremkasus, eine Vorbereitung des Todes. Im Film „Titanic" von 1997 gibt es kurz vor dem Untergang eine Szene, in dem sich der Pfarrer an einer Bank beim Heck festhalten muss, während das Schiff immer mehr Schlagseite nach vorne bekommt und alles, was nicht niet und nagelfest ist, nach vorne fällt. Die Menschen fassen die Hand des Pfarrers an (emotionaler Gestus), während eine Mutter mit ihrem Kind sagt: „Es ist bald zu Ende. Bald ist alles zu Ende." Und der Pfarrer sagt ein paar Worte aus der Johannes-Offenbarung und kommentiert sie etwas undeutlich. Aber eine Stelle ist unverkennbar: „Und ich sah einen neuen Himmel und eine neue Erde. Denn der erste Himmel und die erste Erde waren nicht mehr. Und das Meer ist nicht mehr." (Ort des Chaos und des Todes) (Joh 21, 1-4). „Er wird bei Ihnen wohnen, und sie werden sein Volk sein und er selbst Gott wird mit ihnen sein. Und er wird abwischen jede Träne von ihren Augen, und der Tod wird nicht mehr sein, kein Leid, kein Geschrei und keine Mühsal wird mehr sein; denn was zuerst war, ist vergangen."

Zuerst einmal ist die Johannes-Offenbarung eine Trostschrift angesichts einer bedrängenden Situation der Christen. Da nicht bekannt ist, wer die Menschen bei dem Pfarrer sind, ob es Christen sind oder nicht, wird der Missionsgedanke ausgeklammert. Es geht um alle Menschen, die hier einen Alptraum durchleben müssen, Grenzen zwischen Nicht-Gemeindemitgliedern und Gemeindemitgliedern werden klar überschritten. Keine

Zweckentfremdung. Es geht hier um die Christusverkündigung angesichts eines Extremfalls, Wunderheilungen im Neuen Testament, wo Leben auf dem Spiel steht. Trotzdem: Macht diese Predigt Sinn, wenn es sowieso keinen Ausweg gibt? Vielleicht beruhigt und kanalisiert sie die Ängste der Menschen, aber nicht mehr. Es ist zudem eine reine Textpredigt. Das positive Beispiel muss ich aus Zeitgründen verschieben. Wir machen ein anderes Teezimmer daraus. Predigten im Film. Das Beispiel "Höllenfahrt der Poseidon" von 1972, da diese Predigt nicht dann gehalten wird, wenn die Katastrophe schon eingetreten ist, sondern ein paar Szenen davor. Zuletzt noch eine Problemdiskussion aus der digitalen Kirche: Wie kann man eine gottesdienstliche Handlung oder einen Kasus durch einen Kopfhörer vollziehen? Wenn ich hier Aufnahmen zum Mitnehmen anfertigen soll, dann muss diese Frage geklärt werden. Klar ist, der Gottesdienst vollzieht sich nicht nur im Raum der Kirche, sondern dieser wird heutzutage entgrenzt, am Grab, beim Kaffeetisch, beim Geburtstagsbesuch und so weiter oder auch in der Minecraft-Kirche, auf der YouTube-Kanzel. Doch hier geht die Entgrenzung weiter. Es fehlt der persönliche Kontakt, die persönliche Gesichtsannahme. Ich sehe mein Gegenüber nicht, dem ich etwas auf den Kopfhörer gesprochen habe, s. auch Radiogottesdienste und Andachten. Doch hier geht es auch um Stücke, die selbst durch eigene Gedanken gefüllt werden sollen. Ein Lied mitsingen. Ein Predigt weiter schreiben, im Hören usw. Diese digitale Kirche verwendet nicht schon fertige Gottesdienste und Andachten, sondern entwirft einen Raum für die eigenen (Engemann, eine Predigt wird nach dem Gottesdienst durch den Hörer weitergeschrieben, hier radikalisiert und anders herum).

6. Die Partei hat immer Recht? Religiöse Sprache in kommunistisch-sozialistischen Liedern

Hier geht es um die Einführung in die marxsche Religionskritik. Ist die Diktatur des Proletariats ein Ersatz-Gott? Ernst Busch wird als Beispiel angeführt.

Gen 1, 1.4.	Ernst Busch: Die Partei, die hat immer Recht
Im Anfang schuf Gott Himmel und Erde. Und der Geist Gottes bewegte sich über dem Wasser. Da sprach Gott: Es werde nicht Licht. Und Gott schuf die großen Seetiere und Lebewesen, die sich regen. Seid fruchtbar und mehrt euch. Und Gott sprach: Lasst uns Menschen machen. Und Gott sprach, es war gut. Und die Menschen sollen herrschen über alles was auf der Erde und im Himmel ist.	Sie hat uns alles gegeben, Sonne Wind und sie geizte nie. Wo sie war, war das Leben. Sie hat uns niemals geschmeichelt, fror uns, sie hielt uns warm. Uns schützt die Mutter der Massen, uns trägt ihr mächtiger Arm. Sie gab uns Ziegel zum Bauen und den großen Plan. Die Partei hat immer Recht (Refrain) Denn aus leninschem Geist wächst von Stalin geschweißt, die Partei, die Partei, die Partei.

Auffällige Parallelen zwischen beiden Stücken sind vorhanden, z.B. die Schaffung von Himmel, Erde, Wetter, Licht. Nur das die Partei die Rolle Gottes ersetzt. Und nicht nur das, der leninsche Geist und Stalins Schweißarbeit schaffen die Partei. Stalin und Lenin sind also Vorinstanzen

Gottes, der Partei, ein quasi Gott über dem Gott beziehungsweise ein Geist, fast wie der "Heilige Geist". Die Menschen herrschen zwar trotzdem über die Erde, wie die Partei, aber nicht von Gott so befohlen oder als Stellvertreter Gottes eingesetzt, die Schöpfung zu bewahren beziehungsweise die Menschheit zu schützen.

Aber die Kernfrage ist: Wenn hier „religiös-aufgeladene" Sprache verwendet wird, erfüllt das dann den Anspruch der Religionslosigkeit des Kommunismus beziehungsweise Marxismus oder ist Religion dann wirklich "Opium" für das Volk? Ob es sich wirklich um religiöse Sprache handelt, ist aber auch von der Interpretation beziehungsweise der Wortwahl, des Wortschatzes der Interpreten, hier Ernst Busch, abhängig. Denn was soll man anderes sagen, wenn es keine anderen Wörter für Sonne, Schöpfung, Wind usw. gibt? Hier kommt die Deutung an seine Grenzen, da beide „Hemisphären", Religion und Welt, an dem einem Wortschatz partizipieren, weil es nicht anders geht oder es sonst die Stimmung des Liedes zu sehr ins Negative setzen könnte.

Aber nun nochmal zu Karl Marx (1818-1883). Wenn wir den Aspekt ausblenden, dass es sich tatsächlich um religiöse Sprache handelt und diesen Wortschatz von Ernst Busch als Teil einer eigenen Welt ohne Religion betrachten, dann entfällt auch die Deutungsfolie der Religion auf dieses Lied. Dann sieht die Sache wieder anders aus. Betrachten wir das Lied mal durch die nicht-religiöse Folie von Marx. Der Gedanke ist in der Religionssoziologie, die Rolle der Religion für die Gesellschaft und insbesondere für den Klassenkampf nach Lenin wichtig.[29]

---

29 Vgl. Hock, Einführung, 80f.

Religion wird als rein soziales Phänomen gedeutet und ist Ausdruck des Protestes gegenüber bestehenden gesellschaftlichen Bedingungen, aber gleichzeitig unter dem Illusionsverdacht steht, die gar nicht existiert und eine Einbildung des Volkes ist. Religion ist ein „Wurmfortsatz" der menschlichen Evolution, der erst noch überwunden werden muss.

Das erinnert an die Ursprünge der Religion im Animismus, aus dem sich fortgeschrittene Formen entwickeln, aber dann in der klassenlosen Gesellschaft zum Erliegen kommen. Aber hier scheint der Kommunismus selbst eine Illusion sein. Wie kann eine Partei Wind und Sonne schaffen? Beim großen Plan der Planwirtschaft funktioniert dieses Modell hier noch. Aber hier übersteigt die Partei sogar die Natur, den Urknall, die Schaffung der Erde. Und das macht keinen Sinn. Die SED existierte erst seit 1946 als Zusammenschluss nach einer Zwangsvereinigung von SED und KPD in der sowjetisch-besetzten Besatzungszone. Wie soll die Partei dann Himmel und Erde erschaffen haben? Gut, wir können das Thema noch weiter ausweiten, aber das kostet zu viel Zeit und sprengt die 15-Minuten-Regel.

Fassen wir zusammen: Zwar ist das Parteilied schöpfungstheologisch und religiös angehaucht. Aber das unterliegt der Deutung und dem Wortschatz der Interpreten. Aber der Anspruch, dass Religion hier laut Marx Opium für das Volk sein soll, relativiert sich, weil beide Stücke (Genesis und Lied) an dem einen Wortschatz partizipieren und der Kommunismus selbst unter dem Illusionsverdacht wie die Religion steht.

7. Läufer-Sein, Vegetarier-Sein, Vorbild-Sein. Spielarten des Seins zwischen Welt und Über-Welt[30]

Was ist das Sein? Das ist eine grundlegende Frage in der Philosophie neben der Frage: Was ist Wahrheit? Philosophie hat etwas damit zu tun, Grundlegendes in Frage zu stellen, das heißt, Kritikfähigkeit gegenüber Althergebrachtem oder neuen Dingen zu entwickeln. Das ist aber nicht nur auf die Philosophie beschränkt, sondern ist eine geisteswissenschaftliche, wenn nicht sogar eine wissenschaftliche Grundkonstante durch Hypothesen und diese zu beweisende, durchgeführte Experimente zu bestätigen und alte Hypothesen und Ergebnisse zu überarbeiten. Aber das ist nicht das einzige: Es geht auch um ein Wechselverhältnis von Theorie und Praxis, aus der die Experimente meistens stammen. Keine Wissenschaft ohne Praxisbezug, kein Praxisbezug ohne Theorie, sodass es mir beim Literathon auch immer um praktische Beispiele geht. Und diese sind häufig vorgekommen:

Wir haben über das Läufer-Sein, den Läufer-Gott gesprochen, das hinkende Vegetarier-Sein usw. Immer zu eine Seins-Spielart und in diesem Sinn ist Sein ein Spiel zwischen Praxis und Theorie. Spiel bedeutet nicht nur etwas infantiles, sondern auch ein Spiel ist so gemeint, dass es verschiedene Aspekte von unterschiedlichen Themen immer wieder neu, als einen Vorgang, verbindet und in einen neuen Zusammenhang bringt, also eine Art wissenschaftliches Lernen ist. „Den Ball hin und her spielen", unterschiedliche Meinungen zu ein und demselben Thema verdeutlichen und äußern z.B. Welt und Über-Welt meint den Unterschied von Immanenz und Transzendenz, wobei sie sowohl getrennt als

---

30 Ludwig, Philosophie, 5ff.

auch miteinander eins sind, da der Mensch und andere Subjekte oder Objekte in der Immanenz in der Lage sind, sich „selbst", ihr eigenes Sein, also ein Hier in der Realität zu transzendieren.

Damit sind wir auch schon an den Punkt gelangt, wie Sein entsteht und durch wen: Das Subjekt selbst zunächst. Ich erschaffe mein Sein. Die Existenz geht der Essenz voraus, womit wir beim Beispiel des französischen Philosophen Jean-Paul Sartre sind, ein Atheist, der davon ausgeht, dass sich der Mensch selbst „immer wieder" schafft, also auch kein Übermensch ist, der irgendwann an den Punkt gerät, wo er sich nicht mehr selbst weiterentwickeln muss oder kann.

Das greift so ein bisschen die Ontologie von Heraklit auf: „Alles fließt!" Hinter dem Werden und Vergehen liegt das Werden selbst. Es ist keine ruhende Substanz, sondern mehr eine *creatio continua*, eine fortlaufende Schöpfung, in Kombination mit einer Schöpfung aus dem Nichts, eine *creatio continua ex nihilo*. Das ist der Ursprung des Seins und der Freiheit etwas zu tun, wenn sie ohne Gott gedacht wird. Es gilt das Bild des Flusses. Das Weltgesetz ist der Logos, das Anteil am Göttlichen hat. Dann gibt es das ruhende Sein in der Vorstellung von Parmenides von Elea, Vater der Ontologie, eine Lehre von der Metaphysik zunächst und Schüler des Xenophanes. Seine Grundlehre ist: Es gibt ein Sein. Aber es gibt kein Nicht-Sein. Es gibt etwas, was einen Raum hat. Es gibt kein Werden, sondern nur ein festes Sein in einem Raum. Sonst ist das ein Sein im Werden ein trügerischer Schein. Ebenso auf diese Weise denkt Zenon von Elea mit dem Paradoxon: Der Läufer und die Schildkröte.

Das ist die Gegenposition und steht auch in Gegenposition zu Sartre, der das Sein schon als Sein im

Werden versteht, durch einen selbst als Subjekt, aber ein Sein, das ein Angebot ist, das schon ist, aus dem Nichts. Eine Verknüpfung von Sein und Nicht-Sein, wobei letzteres der Ursprung des Seins selbst ist, das einen Grundcharakter hat, der sich erst durch das eigene Subjekt und seine Handlungen, seine Moral, seine Fähigkeit zur Freiheit weiter in einem Lebensraum in der Welt entfaltet, aus einer Über-Welt, dem Nicht-Sein heraus, als Ursprungspunkt.

Essenz ist eine Sache aus seinen Ursprüngen heraus. Ich hoffe, ich konnte das Verhältnis von Sein und Nicht-Sein zwischen Welt und Über-Welt etwas entfalten und verdeutlichen. Das Problem mit der Ontologie ist immer, dass sie so ein Reden über „heiße Luft" ist, was es jetzt gilt aufzuheben. Philosophie ist nicht nur "heiße Luft", sondern lebensnah, genau wie die Theologie, wenn sie im Unterricht, in der Predigt usw. ausgehandelt wird. Da kommt es auf die praktischen Beispiele an, um Ontologie plausibel zu machen.

Läufer-Sein, Vegetarier-Sein und andere Seins, sind Entscheidungen so zu sein, sie entspringen der eigenen Freiheit der Wahl unter vielen Möglichkeiten im Sein sein Sein zu entfalten. Dreimal Sein, alles hängt abstrakt miteinander zusammen. Wichtig scheint mir, dass du die Wahl hast, dein Sein zu bestimmen und ich ermutige dich auch dazu das zu tun, um dein Leben zu entfalten.

8. Buntes Teezimmer. Drei (übrig gebliebene) verschiedene Themen in jeweils 5 Minuten

1.Das positive Beispiel der Filmpredigt im Katastrophenfilm aus dem Film „Die Höllenfahrt der Poseidon" von 1972

Zur Erinnerung: Wir sprachen über das negative Beispiel aus dem Film „Titanic" von 1997, in dem eine Predigt kurz vor dem Untergang von dem Schiffspfarrer gehalten wurde. Im Film Poseidon ist es der Referend Scott, der am Vormittag vor Ende des Jahres 1972 eine Predigt über Gott und sein Handeln hält: „Gott ist sehr beschäftigt". Damit startet die Predigt und "er hat einen weit umfassenden Plan, der weit über die Menschen und ihre Begriffswelt hinaus geht. Gott kann sich nicht mit jedem Einzelnen abgeben. Es kommt darauf an, was der Einzelne selbst aus seinem Leben macht. Der Einzelne ist nur dann wichtig, als verbindendes Glied zwischen Vergangenheit und Zukunft, durch das, was er in die Zukunft weiter gibt, entweder durch seine Kinder oder andere Beiträge für die Menschheit." Ja, es gibt andere Möglichkeiten Leben weiter zu geben, durch das, was man lebt und liebt, vielleicht ein selbständiges Projekt. Das ist besonders in einer wachsenden Single-Gesellschaft interessant. Diese Predigt wird vor der Katastrophe gehalten, als das Schiff am Abend von einer Flutwelle erfasst wird und nur eine kleine Gruppe von Menschen sich durch das Schiffsinnere kämpfen kann. Der Reverend stirbt dabei.

2. Die falschen Zeiten und der Laufuhr-Fall

Ich hatte meine Laufuhr einem Test unterlaufen, um festzustellen, ob die Kilometerangaben wirklich korrekt sind und die real abgelaufene Strecke korrekt abbilden. Sowohl das Schrittzählersystem als auch das GPS arbeiten nicht immer korrekt miteinander zusammen. Das GPS fällt aufgrund einer Wolkendecke, einer Mauer oder Häuserschluchten immer mal wieder aus. Das Schrittzählersystem arbeitet die Daten aus Luftdruck, Temperatur, Puls, Höhe zusammen und berechnet dabei eine Schrittlänge, die zu einer Gesamtzahl zusammen addiert wird. Beide Systeme haben ihre "Macken", weil das Schrittzählersystem, wenn es ohne das GPS läuft, keine wirklich nachvollziehbaren Daten liefert. Wenn es aber mit dem GPS läuft, dann ist es immer sehr genau. Dadurch habe ich mich gefragt, ob die Laufuhr mich "betrügt" und ich habe die beiden Systeme jeweils einzeln auf unterschiedlichen Distanzen getestet, 2,5 Kilometer, 5 Kilometer, 10 Kilometer. Die Unterschiede bei den Ergebnissen waren nicht sehr unterschiedlich und wichen kaum voneinander ab, und dass mich die Laufuhr letztlich nicht betrügt, und alle Ergebnisse echt sind.

9. Sich wie eine Tablette im Wasser auflösen? Vom Sinn (und Unsinn) der Feuer- und Seebestattungen[31]

1.Warum gibt es immer mehr Bestattungsformen, die vom normalen Ganzkörpersarg abweichen?

Hauptargumente für die neuen Formen von Bestattungen neben den "Normalen" sind: Eine Sargbestattung ist sehr teuer (1000-2000 Euro), Kosten für Grund- und Boden, Friedhofsgebühren, Aufbereitung, sind sehr viel höher. Ob man sich das leisten kann, ist abhängig vom Einkommen und sozialem Milieu, wobei es auch da fließende Grenzen gibt.

Vielleicht möchte jemand freiwillig auf eine Bestattungsform verzichten? Es gibt Schriftsteller, die sich heimlich in der Nacht haben bestatten lassen, ohne Öffentlichkeit und Trauerritus, abhängig vom Charakter und der eigenen Einstellung (stille Beerdigung). Vielleicht Kritik üben an der Thematik "Bestattung als Dienstleistung"? Der Tod ist ein gutes Geschäft? Doch was erinnert dann noch an jemanden oder wer hat noch etwas von diesem Menschen? Bei Schriftstellern ist es einfach (seine Werke sind sein Nachleben in der Welt und die ihn auf eine andere Art „unsterblich" machen), aber wie ist es bei anderen „Nicht-Literaturgenies"?

Die Schere zwischen Arm und Reich wird immer größer. Bildungszugang fehlt, fehlende Aufstiegsmöglichkeiten. Manche Kommunen bieten sozialhelfende Bestattungen an, wo die Kommune (unter dessen Trägerschaft dann der Friedhof steht) dann die Kosten ganz oder teilweise bei gegebener Bedürftigkeit übernimmt. Denn diese muss vorhanden sein, so habe ich es einmal im

---

31 Grethlein, Praktische Theologie.

Gespräch mit dem Bürgermeister in einem Gemeindepraktikum erfahren.

Kommunikation des Evangeliums vollzieht sich in einer pluralen Gesellschaft. Es gibt eben nicht mehr nur geistliche und weltliche Angebote in der Bestattungskultur. Jeder kann daraus wählen, weil die Existenz der Essenz vorausgeht (Sartre lässt grüßen!) und damit die Entscheidung von dem aus der Vergangenheit Vorgegebenen. Der Mensch ist frei, aber eben auch frei und verurteilt, seine Freiheit zu nutzen.

2. Wie läuft eine Seebestattung ab? Ein anonymer Erfahrungsbericht

Ich nenne jetzt keine Namen, da mich dieses Ereignis persönlich betrifft und ich es jetzt so mache, dass ich zwar meine Beobachtungen schildere und gliedere, aber quasi allein, dass niemand anderes da ist, den ich mit einem Namen vorstellen könnte. Zuerst trifft man im Namen auf ein Schiff, das einen auf das Meer fährt. Ein weltlicher Redner oder ein Pastor kommt hinzu und vielleicht jemand, der das Klavier spielt. In einer Ecke befindet sich für alle sichtbar die Urne (eine Urne, dessen Außenmaterial im Wasser lösbar ist) und mit Blumen geschmückt ist. Anders als bei einer Feuerbestattung mit einer Urne auf einem Friedhof, wo die Urne in eine quadratisches Loch nieder gesenkt wird, verbleibt eine Urne im Wasser nicht am Meeresboden. Wenn die Bestattungsstelle erreicht ist, dann wird die Urne mit Blumenwürfen in das Wasser abgesetzt und das Schiff dreht zwei bis drei Runden um die Urne im Wasser, sodass eine Art abgeschlossener, ruhiger Kreis entsteht, in dem an der Wasseroberfläche das Wasser ganz still wird. Dabei kann die Trauergemeinde noch vom Schiff Abschied nehmen, bevor es in den Hafen zurückkehrt. Diese Umrundung im Wasser um die Urne hat etwas von einer „heiligen" Grenze, die durch das Fahrwasser hergestellt wird, fiel mir auf. Eine Zone des Übergangs von dieser Welt in die andere Welt des Wassers, nicht des Himmels, wo wir an einen kritischen Punkt angelangt sind, den ich im nächsten Punkt kritisch behandeln möchte. Denn es handelt sich bei der Seebestattung um eine weltliche Form, da ein Schiff, ein Kapitän, ohne einen kirchlichen Raum, die Bestattungsform und ihren Ablauf übernimmt. Es ist also eine eigene Form, die mit der anderen Form nicht unbedingt etwas zu tun haben muss, sondern unabhängig von dieser gestaltet wird.

Aber es gibt Bausteine und Möglichkeiten, beide Welten miteinander zu verbinden, eben dass auch ein Pastor als ein Redner und eben kein weltlicher Redner auftritt, sodass die Grenzen miteinander verschmelzen und diese Form nicht unbedingt kritisiert werden muss.

10. In Computerspielen fiktive (andere) Geschichte schreiben. Die Gestalten Georgios Volgin und Luca Flavius im Portrait

Heute zu einem etwas eigensinnigen Thema, und dass man doch etwas aus Computerspielen lernen kann.

Georgios Volgin (2019-2106)

Februar 2019 – Geburt in Theben
Schulzeit in Theben bis 2035 (mit Mittelschulabschluss)
Beginn einer Kellnerlehre und Aushilfstätigkeiten
2035 – Aufbau der linksextremen Organisation „Die GEMEINSAMEN", Kassenwart, Propagandaredner, Vorsitzender und Gründer der KP (Kommunistische Partei)
2037 – Generalsekretär der GKR
2050 – Generalsekretär der UNO, verschiedene Ehrenprofessuren und Ehrendoktorate
2106 – Tod durch Suizid in Theben

Volgin ist eine Ausnahmegestalt eines fiktiven Griechenlands gewesen. Hochbegabt, aber auch cholerisch und aufbrausend und jemand, der aus seinen Absichten keinen Hehl machte. Gleichzeitig war er ruhig und besonnen und liebte die Arbeit im Garten und die Entspannung – eine total gespaltene Persönlichkeit, die zu Wutausbrüchen neigte, weil er viel Energie besaß, noch bis in das hohe Alter. Noch keine 14 entwickelte der junge Staatstheoretiker die Grundzüge des Volginismus im Kontext des zu starken Einflusses (aus seiner Sicht) der Kapitalgesellschaften und forderte ein bedingungsloses (gnadenloses) Staatseigentum und das Ende der freien Marktwirtschaft und des freien

Unternehmertums. Das ist die eine Seite. Die andere Seite ist, dass er durch die Subvention von Lebensmitteln und wichtigen Bedarfsgütern die Preise der Kapitalgesellschaften drücken und durch eine Ständereform die klassenlose Gesellschaft teil verwirklichen konnte, denn die KP galt trotzdem als die höchste Scheinklasse, die die klassenlose Gesellschaft führt. Wir könnten noch viel mehr dazu sagen. Aber da muss ich auf das Buch „Quo vadis Graecus?" verweisen, das ich im Moment überarbeite.[32]

Luca Flavius (der Reiter)

Luca war ein Ausnahmetalent, das erst zu diesem wurde, als er anfing zu handeln und nicht ahnen konnte, wie schnell sich sein Leben wandeln würde. Er war ein kleiner General Anfang 50 und bis zu diesem Zeitpunkt im 4. Jahrhundert n. Chr. mit noch keinen großen Aufträgen seitens des oströmischen Kaisers oder seiner Befehlshaber konfrontiert worden. Aber das änderte sich dann schlagartig. Im Jahre 360 n. Chr. formierten sich nördlich der Donau im Balkanraum, in der ehemaligen Provinz Dacia, Vandalen, Westgoten und Hunnen zu einer riesigen Horde und ersuchten Zuflucht, Unterkunft und Plündergut im Ost- und Weströmischen Reich. Niemand rechnete damit, dass die Horden gleichzeitig in eine Richtung ziehen und sich dann verbünden wollen. Im Spiel "Rome Total War" von 2004 sind die Zuglinien davon abhängig, welche Ziele die Horden zuerst verfolgen. Die Gebiete des Balkans sind eins davon, neben Latium in Italien, Nordspanien und Karthago.

---

32 Das Buch wurde im April 2020 bei Tredition verlegt: Kerfack, Hannes (2020): Quo vadis Graecus? Das Ende der Republik Griechenland 2035-2037 (Fiktive Narrationen, 1), Tredition: Hamburg.

Dass alle gleichzeitig den Balkan ansteuern, ist selten und stellte eine große Gefahr für die (fiktive) römisch-zivilisierte Welt und das Imperium dar. Der Kaiser in Konstantinopel beauftragt den General Luca Flavius, den Barbaren keinen Millimeter Roms zu überlassen und die Donau-Grenze zu bewahren. Obwohl Ostrom verschuldet und innenpolitisch angeschlagen ist, gelingt es eine Armee aus den besten Reitern zu erstellen.

Der Kaiser veranlasste, alle verfügbaren Kräfte angesichts dieser Notsituation zu mobilisieren. Luca reitet mit hoher Geschwindigkeit innerhalb weniger Monate zur Donau. Im Gepäck hat er ungefähr 1600 Reiter. Der weströmische Kaiser sieht die Gefahr gleichermaßen und unterstützt Luca mit Truppen und Nachschub. Als Luca Anfang 360 nach Christus die untere Donau erreicht, berichten ihm Spione, dass sich eine Armee von knapp 12000 Barbaren nördlich des Flusses versammelt hat.

Er lässt die Truppen zunächst in den Balkan rein. Dann im Frühling 364 schlägt er in der ehemaligen Provinz Dacia zu, mehrmals! Nach diesem Sieg sind Wandalen, Hunnen und Westgoten vollständig besiegt und aus der Weltgeschichte fort. Die Donau-Grenze hat Stand gehalten. Eine solch großartige militärische Leistung hat Rom noch nie gesehen. Innerhalb weniger 10 Jahre schlug Luca die größte Gefahr für Rom. In Konstantinopel zieht Luca als Held ein. Der Triumphmarsch unter dem "Luca-Bogen" hat noch nie größeres als Gegenbeispiel gesehen und Luca, der Reiter, bekommt den Ehrentitel eines römischen Gottes (*divus*), gilt als Retter Roms, und erhält die ewige Vergöttlichung für diese militärische Leistung. Alle Soldaten, die mit ihm kämpften, werden zu Veteranen und dürfen sich in Veteranenkolonien, wie Korinth, zur Ruhe setzen und ein

Stück Land erwerben. Auch Luca, der zu diesem Zeitpunkt schon über 60 Jahre alt ist und in den Ruhestand geht. Diese fiktive Geschichte hätte auch die reale Geschichte wahrscheinlich deutlich verändert und Westrom wahrscheinlich vor dem Untergang bewahrt und die Völkerwanderung verhindert.

11. Alles Wololo und Ayoyou? Die Vielfalt der Religionsdefinitionen und ihr (Irr-) Sinn

Das Teezimmer findet in unregelmäßigen Abständen, alle 1-2 Wochen am Samstag oder anderen Tagen statt. Das ist abhängig davon, wie schnell sich ein Thema findet und wie umfangreich das andere Arbeitspensum ist. Frühestens gibt es jede Woche ein Teezimmer oder spätestens alle zwei Wochen.

Das Thema ist heute sehr vielseitig. Aber manchmal ist das Kleinste auch das Sinnvollste, um etwas genau auszudrücken und so und nicht anders zu sagen. "Wololo" sagt der Priester in Age of Empires, einem „uralten" Spiel aus den 90ern, Nostalgie pur für die einen, für mich noch gar nicht so lange her.

Dazu sagt der Priester auch manchmal "ayayou", wenn er jemand heilt oder bekehrt. Was das heißt, weiß ich nicht. Vielleicht: "Ich heile dich oder ich rufe die Götter an, damit sie dich bekehren." In einem YouTube-Kommentar bezeichnete jemand "Wololo" als kürzeste Definition von Religion oder zumindest als das, was Religion als Ganzes ausmacht: Als Quatsch oder als Zauberformel. Ich denke, doch eher Ersteres, wenn der Autor das nicht wusste oder vielleicht eine negative Einstellung dazu hatte. Andererseits wird damit das Problem aufgegriffen, dass niemand weiß, was Religion wirklich ist und das das wahrscheinlich auch unmöglich zu bestimmen ist. Eine Definition meint immer eine sinnvolle Festlegung, meinte mein ehemaliger Physiklehrer und daran ist nicht zu rütteln. Aber diese „Sinnvolligkeit" ist hier kaum zu sehen, wie ich finde. Die große Masse an Religionsdefinitionen spricht deutlich dagegen.

Der holländische Religionswissenschaftler Platvoet[33] schätzt die Zahl auf etwa 500 in den Forscherkreisen in den USA, in Europa und in Asien, auf der gesamten Welt. 2 Forscher beziehen sich auf seine Definition, die Platvoet selbst als Konsequenz aus der Analyse der vielen Definitionen entwirft und sich selbst ein kritisches Urteil bildet, Gerrie ter Haar und Terence Ranger, die besonders einen Schwerpunkt auf die Erforschung von Religion und Okkultem im subsaharischen Afrika gelegt haben. Die Definition lautet: Religion ist eine Mittlerschaft zwischen Geister- und realer Welt. Die Geister vermitteln zwischen dem Hier und Dort-Woanders. Diese Geister können durch Schamane beeinflusst werden und auch für Zwecke in der Welt benutzt werden (Bsp. „Plantagenzombies" oder Heilungsriten bei Yoruba-Völkern). Diese Definition ist neutral, unterliegt der wissenschaftlichen Neutralität, enthält keine Kritik. Aber trotzdem ist das nur eine Lösung von vielen und sicher hat irgendjemand Platvoet auch wieder kritisch gesehen. Er bezieht sich nämlich auf eine Religionsdefinition, die vielleicht im animistischen Bereich so funktioniert, aber wie sieht es mit Definitionen aus, die sich auf eine Religion ohne Geister beziehen? Ist das dann noch Religion? Da kommt die Definition wieder an ihre Grenzen, wenn sie das nicht einfangen und definieren kann, was in der „Religion" nicht Religion ist. Ein ähnliches Problem gab es schon in der

---

33 Platvoet, define, 5.

Antike: *religio* ist nach Cicero ein Verhältnis herstellen zu den Göttern (Orthopraxie), durch richtiges Beten und religiöses Handeln, so ist ein ursprünglicher Kontext. Andererseits galt *superstitio* später im Christentum als Abkehr vom „Heidentum", wozu auch die Missionare nach Afrika gingen, mit dieser Ansicht. In der Aufklärung änderte sich das dann wieder mehr zu einer neutralen Haltung, die auch als Definition gelten kann. Ich finde, dass die Neutralität am besten hergestellt werden kann, wenn keine sinnvolle Definition möglich ist, aufgrund der vielfältigen Formen von Religion, und der Anspruch einer Definition sowieso nicht erfüllt wird, dann ist es vielleicht sinnvoller zu sagen, dass es überhaupt keine Definition mehr geben soll. Das wäre mein Vorschlag. Anders als in der Physik bzw. in den Naturwissenschaften, ist es in der Geisteswissenschaft schwieriger (aufgrund der Deutungsvielfalt durch Andere), eine richtige Hypothese bzw. eine immer gültige aufzustellen. In den Naturwissenschaften tut man das mithilfe von Experimenten und Naturbeobachtungen.

12. Auferstanden aus Ruinen. Positive und negative Aspekte der DDR-Gesellschaft oder: War nicht alles schlecht?

Die Ideen für den Literathon werden immer verrückter, aber auch wunderschöner. Die Sport-Geist-Frei-Formel lässt sich in astronomische Höhen treiben, im wahrsten Sinne des Wortes, wie z.B. durch ein planetarisches Laufen über Pluto über Ethik nachdenken. Und gestern war ich auf dem Weg von der Uni nach Hause und kam auf eine neue sport-geist-freie Idee: König Midias Schachbrett als Kilometerherausforderung. Die Geschichte ist vielleicht allen bekannt. Der König stellte einem Bauern einen Wunsch frei. Und der Bauer nahm ein Schachbrett und wünschte ein Reiskorn auf dem ersten Feld, zwei auf dem Zweiten, vier auf dem Dritten und so weiter. Der König dachte erst, es sei ein Klacks, aber das war es nicht. Denn die Zahl verdoppelte sich in astronomische Höhen und der Bauer fiel in Ungnade, bodenlos. Damit war eine Grundlage für das heutige Zinses-Zins-System geboren, wo das schon verzinste immer weiter verzinst wird. Kann man so etwas auch für den Laufsport machen und vielleicht so eine Läufer-Bank zu bauen, um seinen Schulden oder anderes abzubauen oder vielleicht Kilometer aufzunehmen? Kilometer-Kredite. Ein Schachbrett vornehmen und etwas auf das Feld legen und dann immer weiter verdoppeln, um seine Kilometerherausforderung zu haben. Vielleicht die Zahl mal 10 nehmen, um eine größere Zahl zu haben? Jetzt zum Thema. Aber es ist legitim, hier im Teezimmer über so etwas zu sprechen. Dafür ist es ja da, Ideen durch die Geistbefreiung nach dem Laufen zu sammeln. Und es funktioniert einfach wunderbar. Aber klar ist auch die Gefahr, dass man im Teezimmer vom Thema abschweifen kann, wenn sich die Begeisterung nicht in Grenzen hält. Die Leidenschaft muss auch gezügelt werden.

Meine Eltern haben mich daran erinnert, dass es ihnen zu DDR-Zeiten immer gut ging und sie mich aufforderten, immer wenn jemand etwas gegen die DDR sagt und das es den Leuten dort schlecht geht, dann soll ich sagen: Nein, das stimmt nicht. Uns ging es sehr gut. Auch wenn es für mich persönlich eine Zeiterfahrung ist, die ich so nicht kenne. Und der Blick in das Fotoalbum ist für mich auch ein Blick in eine Zeit, die mir verborgen bleibt. Ich kenne nur die Zeit nach der Wende. Und doch, wenn ich in die alten Fotoalben schaue, dann sehe ich dort jede Menge Kuchen, Lachen, Feiern,

„Saufgelage", Torten, Sahne. Also alles „sehr positive Sachen", die nicht an eine Mangelwirtschaft erinnern, aber das ist auch vom Einzelfall abhängig. Aber das ist doch eine Möglichkeit kritischen Aussagen gegenüber der DDR zu begegnen. Diese „Mangelwirtschaft" bzw. Zentralverwaltungswirtschaft hatte auch Vorteile und nicht nur Nachteile, genauso wie die freie Marktwirtschaft. Ich finde, dass eine Planwirtschaft die Verschwendung von Ressourcen zwar eindämmen könnte, indem immer genau das da ist, was gebraucht wird. Das bedeutet zwar Engpässe, aber auch weniger Verschwendung, wenn zu viel vorhanden ist, und die Lebensmittel verderben. Aber ein Nachteil ist auch der Bezug auf einzelne Ressourcen. Es soll vorgekommen sein, dass man Brot an die Hühner anstatt Korn verfüttert hat, weil dieses nicht vorhanden war bzw. zu dem Brot verarbeitet wurde. Das klingt etwas paradox. Von dem einen ist zu viel da, wozu man das Zu-Wenige braucht. Auch hatte die DDR mit Umweltproblemen zu kämpfen gehabt. Die Subvention von Energie ging auf Kosten der Umwelt. Riesige Kohlekraftwerke, Steinkohle statt Braunkohle, in Sachsen, im Bereich Karl-Marx-Stadt, dem Industriering. Riesige Umweltschäden an den umliegenden Wäldern entstanden. Es soll Proteste von der Umweltbewegung in der DDR gegeben haben, die „Baumparaden" veranstaltet haben und in der Öffentlichkeit die abgestorbenen Bäume gezeigt haben. Das hat sowohl Respekt als auch Ärger durch die Staatssicherheit ausgelöst. Auch wenn es von Seiten der Kirche dort auch Unterstützung gab, die die Bewegung gedeckt haben. Aber klar ist, denke ich, die Grenze der Einheit von Wirtschafts- und Sozialpolitik in Hinblick auf die Umwelt. Was könnten noch Vor- und Nachteile sein? Planbarkeit bedeutet auch: Arbeitskräfte fassen. Das heißt, in der DDR gab es offiziell keine Arbeitslosigkeit, keine sichtbare, aufgrund der Arbeitspflicht der DDR. Jeder konnte eine Arbeit bekommen. Damit ist auch eine fehlende Flexibilität verbunden, das heißt, man konnte sich nicht unbedingt die Arbeit aussuchen, die man wollte (anders als in BRD, wo die Arbeitsfreiheit gilt und es z.B. viele verschiedene Formen von Verträgen gibt, wie z.B. Buchverträge). Auf Rügen gab es dort auch sehr viele Beschäftigte, in den Industriegebieten. Ein weiteres Problem dabei ist aber auch die Differenz zwischen Haben und Sollen und Leistung. Es soll teilweise so gewesen sein, dass die Leute zur Arbeit gekommen sind und nichts bzw. wenig taten und trotzdem ihr Geld bekamen, was auch zur Verschwendung führte bzw. zu einer Inflation. Sicher war nicht alles schlecht, aber auf paradoxe Weise entstanden dadurch auch Probleme, die man kritisch beurteilen kann. Mir fiel beim Abdrehen der Teezimmer immer auf, dass ich auch über das hinaus rede, was ich schreibe, also voller Begeisterung für eine Sache. Leider kann ich das nicht immer aufnehmen. Ich müsste während des Abdrehens das durchschreiben und ich glaube, dass das Klappern der Tastatur die Aufnahme ruinieren kann. Das Klappern der Teetasse reicht als Geräuschkulisse, um ein authentisches Teezimmer abzudrehen.

13. Okkulte Philosophie

Was ist Okkultismus? Wo gibt es Schnittstellen zur Theologie? Was hat das mit "Geisterwelten" zu tun? Wo gibt es so etwas heute noch? Wo liegen die Grenzen dieser Diskussion?

Das Teezimmer geht auf eine Hausarbeit von 2015 zurück, in der ich über Religion und Okkultem im subsaharischem Afrika geschrieben habe. Sie behandelt die unterschiedliche Handhabung in Hinblick auf den Religionsbegriff, der auf die Formen von „Religion" in Afrika nicht unbedingt angewendet werden kann. Denn der Begriff „Religion" ist ein europäisches Phänomen, der bis in die römische Zeit bei Cicero zurückgeht. Okkultismus ist quasi die negative Abwertung des Begriffs von Religion. Alles, was nicht Religion ist, was nicht heilig ist oder kirchenkonform ist, kann als okkult abgewertet werden. Aber diese Abwertung ist im subsaharischen Afrika nicht unbedingt bei den einheimischen, den indigenen Völkern, vorauszusetzen, sondern eine Selbstverständlichkeit. Es gab keine Unterscheidung zwischen Religion und Okkultem.

Okkultes ist dabei immer das „Verborgene", das obskure, nicht unbedingt das „schlechte" Satanische, wie es meistens damit verbunden wird. Okkulte Philosophie ist dabei auch eine Art verborgene Philosophie und das auch wieder nicht, da es eine Philosophie aus einem bestimmten Blickwinkel ist, die ihre eigene Daseinsberechtigung hat, im Sinne einer Suche nach Wahrheit im „Okkultem" und seiner Bedeutung für das individuelle Leben in seinem bestimmten Kontext. Und dieses hat seine ebenso wertvolle und wertgleiche Bedeutung. Gleichzeitig ist es schwer Worte für etwas zu finden, was es noch nicht gibt und jetzt Worte einzusetzen, die „negativ" besetzt sind, ist riskant. Der Ausweg ist eine absolute Wahl. Daher ist auch dieser Titel entstanden, aufgrund meiner persönlichen Wahl, die ich so versuche zu begründen.

Und selbst wenn diese Feststellung „von außen getroffen wird", dann ist noch keine ethische Unterscheidung in Hinblick auf gute und böse Handlungen getroffen. Diese sind aus dem jeweiligen Blickwinkel, der Sozialisation und dem eigenen Handeln zu treffen. Eine okkulte Handlung, wie z.B. ein Voodoo-Zauber, der in den Niederlanden vorgekommen ist, muss im afrikanischen Kontext nicht als böse einzustufen sein, sondern als „gut", im Sinne einer Art „Leidenschaft" im wahrsten Sinne des Wortes für die Sache, sodass das Böse auch manchmal „gut" ist, und diese Unterscheidung im Kontext zu betrachten, ganz besonders, wenn „eine höhere Geisterwelt" nicht in Europa unbedingt vorauszusetzen ist. Diese ist nämlich ein Kernelement der alten, „vorchristlichen", „Religion" in Afrika, das heißt, vor der Mission und der Kolonisation durch Europa, im Sinne der Aufklärung, deren Ansicht auf Religion dort übernommen wird. Diese sieht eine strikte Unterscheidung zwischen Religion und Okkultem vor bzw. der Unterscheidung zwischen *religio* und *superstitio,* wie bei Augustinus. Daher konnte die Mission auch gewalttätig und vereinnahmt wirken. *Superstitio* war nicht Teil der Ergebnisse dieser Mission. Entscheidend ist nun, dass eben diese Darstellung von Religion als „schlecht" und „okkult" nicht richtig ist, sondern im jeweiligen Kontext des Glaubens an Geisterwelten gesehen werden muss. Im Grunde sind es Mittlerschaften zwischen Erde und einer transzendenten Ebene, z.B. durch Schamanen oder bestimmte Gegenstände, die verzaubert worden sind. Interessant ist, dass z.B. die Pfingstkirchen auch daran glauben und diese Geisterwelt als Quelle für Reichtum genutzt wird, auch durch Ausbeutung von Menschen, so genannte „Plantagenzombies". Es gibt Fälle der Verzauberung von Menschen, damit sie arbeiten. „Religion" hat in Afrika eine klar wirtschaftliche Dimension zur Erlangung von wirtschaftlichen Nutzen. Daneben gibt es politische Dimensionen zur Erlangung von Macht durch die Geisterwelt und rituelle Dimensionen, wie bei den Yoruba-Völkern.

14. Akt und Sein bei Dietrich Bonhoeffer

"Akt und Sein. Transzendentaltheologie und Ontologie in der Systematischen Theologie" gilt als schwierigstes Buch von Dietrich Bonhoeffer. Er schreibt es kurz nach dem Vikariat in Barcelona 1928 im Jahr 1929 als Hilfsassistent bei Wilhelm Lütgert an der Humboldt-Universität zu Berlin. Ich versuche mich diesem Werk zu nähern, da ich selbst zu dieser Thematik meine Master-Arbeit 2019 in Kiel und Sassnitz anfertigte, knapp 90 Jahre später. Sie nennt sich nur anders: "Freiheit und Sein. Eleutherologie und Ontologie in der Existenzphilosophie Jean-Paul Sartres", ist mehr auf einen Philosophen beschränkt, und ist nach den Gutachten selbst schwierig und anspruchsvoll zu lesen, in der ich auch versucht habe, eine "Ethik authentischer Freiheit zwischen Welt und Gott" zu entwickeln. Aber darum soll es primär nicht gehen, obwohl ich schon meine Vorbilder hatte. Ich versuche "Akt und Sein" von Dietrich Bonhoeffer zu entschlüsseln und verwende eine Werkausgabe, die "Akt und Sein" in Auszügen nennt und zeigt und gebe im Teezimmer bei einer heißen Tasse Tee eine kurze Zusammenfassung nach meiner eigenen Lektüre dieses Werkes. Das Buch Akt und Sein ist schwierig zu lesen, aber es gibt doch Gedanken, die klar und mir auch so begegnet sind. Einerseits ist das der Begriff der Offenbarung, wie sie in der evangelischen Theologie allgemein rezipiert wird und in einem Satz zusammenfassen kann: Offenbarung ist unverfügbar, letztendlich, auch wenn sie in der Lehre, als psychisches Erlebnis und als Institution vorhanden sein kann, durch andere Menschen, denen sich Gott auch offenbart hat.[34] Offenbarung kann daher eine feste Form erlangen, sofern sie erfahren wurde, durch das Subjekt, um diese Erfahrung auch anderen Menschen weiterzugeben. Aber ich denke, dass Offenbarung da auch letztlich ein individuelles Phänomen ist, als System Mensch, als Seins-System, das mit dem Seins-System-Gott in Kontakt kommt.[35] Dort, wo die eigene Existenz getroffen und verändert wird und sie sich dauerhaft verändert. Gott ist ein Bewusstseinserlebnis, das das eigene Handeln (den Akt) verändert und bestimmt, durch die Veränderung des Seins, durch eines Seins von Außen.[36] Gleichzeitig kann der Mensch durch ein Seins-System verändert werden, in dem Offenbarung sich schon manifestiert hat (System Kirche, als Ort und "Speicher" der Offenbarung, eines "Objektes", das durch die Offenbarungen vieler Anderer zu einem System geworden ist, das andere Seins-Systeme beeinflussen kann). Aber ist Offenbarung allein auf die Kirche beschränkt und durch die diese möglich werdend? Wird der Mensch und sein System allein durch das „System Kirche" beeinflusst und die eine und einzig gültige Offenbarung? Nein, denn es gibt (s. oben) weitere Offenbarungstypen, auch außerhalb der

---

34 Akt und Sein, 60.
35 Ebd.
36 Akt und Sein, 61.

Kirche, um vielleicht neue Gemeinden entstehen zu lassen. Die eigene Existenz kann nicht nur durch die Institution getroffen werden. Andererseits sieht Bonhoeffer die Institution als mögliche Bestärkung und Bekräftigung der individuellen Offenbarung, wie durch das Abendmahl, die Taufe, um dieses neue Sein zu bekräftigen und zu erhalten, als Mitglied der Kirche. Kirche und Existenz sind doch voneinander abhängig, aber sie setzen trotzdem eine individuelle Offenbarung anscheinend voraus.[37] Die alte Existenz ist die des Adams, das heißt, die Sünde, die Trennung von Gott, von der Kirche, die durch die Offenbarung und die Institution neu bewegt wird, zu einem Sein in Christus, als Sein in der Kirche, wo der Aspekt der Sozialität innerhalb der Kirche, als Veränderung des Seins, aufgegriffen wird.[38] Die Kirche ist Christus selbst. Er wird in die Gegenwart durch die Verkündigung geholt.[39] Die Verkündigung der Vergangenheit, die Schriften, die Evangelien, die vergangene Offenbarung wirkt auf die individuelle Gegenwart der Gemeinde ein, um das Handeln auf die Zukunft zu richten. Akt und Sein sind daher in Vergangenheit, Gegenwart und Zukunft eingebettet und nicht voneinander losgelöst zu betrachten. Offenbarung ist ein gesamtzeitliches Zeitgeschehen.[40] Der Glauben ist Voraussetzung für die Mitgliedschaft der Kirche, das heißt, das Ergebnis der eigenen Getroffenheit, der Offenbarung. Aber ist das notwendig so? Muss die Offenbarung unbedingt zum Glauben führen, das heißt, das Sein in Christus angenommen werden, der Weg in die Kirche aufgenommen werden? Andererseits ist die Taufe unumkehrbar. Sicher kann

---

37 Akt und Sein, 62.
38 Akt und Sein, 63.
39 Akt und Sein, 65.
40 Akt und Sein, 64.

Glauben sich verändern. Doch es gibt „Seins-Reste", an denen man hängt, für immer. Und doch denke ich, kann man ein System auch wieder verlassen, oder sich einem anderen System „Kirche" nähern oder es ganz verlassen. An dieser Stelle sollte man die Konfessionsvielfältigkeit der Kirche und der freien Theologie beachten. Sein in Christus ist plural zu denken. Doch Bonhoeffer ist von einem "einzigen" Heil überzeugt (*sola fide*). Glaube setzt zudem ein Sein in der Kirche voraus. In diesem Punkt muss ich Bonhoeffer widersprechen, das Glauben allein auf die Kirche und die Offenbarung beschränkt ist, besonders angesichts der Pluralisierung von Religion und der zunehmenden Säkularisierung von Religion und Kirche. Dass Religion ihr Gesicht verändert, hat notwendigerweise auch die Folge, dass sich auch das Sein in der Kirche und das Sein in Christus verändern. Vielleicht ist die Abkehr vom "einen Glauben" auch eine Rückkehr in das Sein in Adam, als unumkehrte Offenbarung. An dieser Stelle kann das Buch auch als Wiedererinnerung zu lesen sein, worauf es wirklich ankommt, das „Sein in Christus", und nicht das „Sein in Adam", das Sein in der Sünde, das immer wieder präsent werden kann. Wichtig scheint mir 1. die eigene Plausibilität und gleichzeitig 2. eine verantwortungsvolle Kommunikation zwischen den vielen, pluralen Parteien in dieser Gesellschaft hergestellt wird, die bei Bonhoeffer und in dieser theologischen Zeit noch nicht so vorauszusetzen ist. Eher hat man schon damals versucht, sich von der liberalen Theologie abzugrenzen und sich der dialektischen Theologie anzunähern (Karl Barth), um den Fokus wieder auf das „Wesentliche" zu lenken. Ich finde, die Kirche muss beides bedenken, die heutige Liberalität und Pluralität und gleichzeitig die Tradition. *Traditio et Innovatio.*

16. Sterbehilfe. Eine Grundsatzentscheidung des PoliS-Parlaments auf dem Literathon

Das Urteil des Bundesverfassungsgerichts von dieser Woche, dass Sterbehilfe nun in der organisierten Form erlaubt sein soll, hat Folgen für solche Unternehmen, die solche Angebote machen können. Dazu gehören auch Bestattungsinstitute und andere (auch frei-theologische Unternehmen) Organisationen, die nun Experten für solche Patienten bereit stellen können.

In der Seelsorge-Theorie, die auch im Theologiestudium gelehrt wird, heißt es, dass immer der Klient und seine Bedürfnisse im Mittelpunkt des Gesprächs und der Betrachtung stehen, aber in Abgleich mit den rechtlichen Vorgaben. Es gibt Grenzen der Freiheit, auch in diesem Fall, die aber jetzt möglicherweise weiter überschritten werden.

Ich beziehungsweise der Literathon, haben dazu auch eine Grundsatzentscheidung aufgestellt, das genau Letzteres im Mittelpunkt stehen und bleiben soll und mich von diesen Angeboten abgrenze und keine Kooperation damit anstrebe. Der Literathon ist und bleibt ein Ort des Lebens, der Lebenskunst und nicht der Sterbekunst.

Bei heißem Tee sprechen wir über die folgenden Fragen: Wie wird die Sterbehilfe in der Ethik und der systematischen Theologie rezipiert? Wie ist die kirchliche Position dazu? Wie ist das Verhältnis von Lebens- und Sterbekunst in der Religionspädagogik zu deuten? Wie weit darf der Tod in das Leben gedacht werden, damit das Leben nicht vernachlässigt wird, als konkrete Frage dazu? Heute auch als parlamentarische Rede im „PoliS-Parlament", aller Zuhörer dieses Videos. Hier an dieser Stelle wird auch verdeutlicht, wie sehr ein Unternehmen auch ein „Staat im Staate" sein kann.

Sehr geehrte Damen und Herren des PoliS-Parlaments,

das Bundesverfassungsgericht-Urteil der letzten Woche, dass eine organisierte Sterbehilfe nun möglich ist, hat eine neue Freiheit zum Sterben eröffnet. Ohne eine lange Rede dahin, sage ich vor diesem Parlament, dass der Literathon sie ablehnt. Wir können zwar eine persönliche Regel dazu aufstellen, die aber nicht verhindert, dass sich das Gesetz durchsetzen wird und sich neue Unternehmen herausbilden werden oder bestehende sich bestärkt fühlen. Die Kirchen haben ihre ablehnende Haltung schon verstärkt und geäußert. Sterbehilfe bedeutet auch zusätzliche Trauerarbeit, Schockmomente, auf die sich die Angehörigen aber besser und vorher vorbereiten können, wenn sie informiert werden und die Trauerphasen dadurch auch abgeflacht oder nicht abgeflacht werden können. Und das Leben dadurch neu geordnet werden kann, zwischen Schock und Kontrolle, wobei das im Falle der Sterbehilfe aktiver gestaltet werden kann und nicht nur passiv. Eine freiwillige Entscheidung, weitere Urteile, sind notwendig. Leiden muss linderbar sein, ein unrettbarer Zustand vorliegen, nach gründlicher Vorinformation. Das sind einige Voraussetzungen.
Ich habe leider nur wenige Bücher zum Thema praktische Ethik. Das Buch von Peter Singer: Praktische Ethik[41], hat einen etwas schillernden Begriff von Sterbehilfe, der nicht unkritisch übernommen werden darf und ich habe ein Buch mit konkreten Anweisungen im Sterbefall im

---

41 Singer, Ethik, 225ff.

Seelsorgebuch von Christoph Morgenthaler.[42] Der Begriff von Peter Singer ist ein Grund dafür, dass der Literathon die Sterbehilfe ablehnt. Es ist der Begriff der „Euthanasie" und ihn damit gleichsetzt, ein höchst kritischer Begriff, mit dem die meisten Menschen sehr wahrscheinlich die Verbrechen des Nationalsozialismus verbinden. Auch wenn er die Analogie aufheben möchte und mit Euthanasie nichts Schlechtes verbindet, aufgrund der Übersetzung "guter und schöner Tod", der aber trotzdem mit dem hippokratischen Eid nicht kongruent geht, ist es ein kritischer Begriff. Menschliches Leben sollte immer bewahrt werden, lautet der Eid im Grunde. Singer verbindet den Begriff mit dem Tod von Menschen, die nicht mehr leben wollen (freiwillige Euthanasie). Damit ist auch dieser Sterbehilfe-Paragraph gemeint. Das ist nicht die „nicht-freiwillige" Euthanasie, mit der dann die nationalsozialistischen Verbrechen gemeint sind. Die unfreiwillige Euthanasie ist dann die Euthanasie, die Menschen tötet, die getötet werden wollen, aber das selbst nicht entscheiden. Woher weiß man das dann? Vielleicht aufgrund einer Erstsagung, einer vergangenen Aussage des jeweiligen Menschen

Kein Leben ist unwert, gelebt zu werden! Das ist unsere Antwort. Generell habe ich oft nur ein Buch für einen Bereich der Theologie, aber dafür von allem was. Trotzdem wird dabei der Blickwinkel manchmal etwas beschränkt und das ist auch nicht gut. Doch die Autoren, die ich oben genannt habe, rezipieren auch andere, sodass der Blickwinkel doch nicht ganz so beschränkt sein kann.

Vielen Dank für die Aufmerksamkeit!

---

42 Morgenthaler, Seelsorge, 179ff.

17. Die Hindenburg-Katastrophe von 1937

Sie war die Titanic der Lüfte, ähnlich wie mein derzeitiges Kunstprojekt, das ich bald fertig stellen kann, die Hindenburg oder in Zahlen: Die LZ 129, die noch ein Schwesterschiff besaß, die Graf Zeppelin II. Sie bestand aus 16 gigantischen Gaszellen, die 200.000 Kubikmeter Wasserstoff aufnehmen konnten. Mit einer Länge von 247 Metern im Querschnitt, war sie fast so lang wie die Titanic (269 Meter). Sie gilt dafür für mich als eine „fliegende Titanic, wozu gerade ein Kunstprojekt läuft, um ein "vermeintlich" sicheres Luftschiff zu bauen und ich auch einen Katastrophenroman dazu schreibe.

Im Mai 1937 begibt sich die Hindenburg auf eine Atlantiküberquerung und startet von Frankfurt aus in Richtung Lakekurst. Der Überflug dauert etwas mehr als drei Tage. Als sich das Schiff im Landeanflug befindet, fliegt es durch eine Gewitterwolke, die Landung ist eigentlich viel zu gefährlich, und lädt sich dabei statisch auf. Bei Wasserstoff reicht ein Funke, dass das gesamte Schiff mit seinen Gaszellen explodiert, was dann urplötzlich geschieht.

Der Himmel brennt, es regnet Feuer, ein Filmteam am Boden filmt die Katastrophe. Der Kapitän lässt das Heck absenken, damit sich möglichst viele Menschen retten können. 62 Menschen von etwas mehr als 100 überleben die Katastrophe, wie durch ein Wunder.

Warum ich als Kind von der Titanic fasziniert war und es eigentlich immer noch bin? Welche Bedeutung hatte die Hindenburg als Propagandamittel? Wie kam es zu der Katastrophe? Wie ist die Filmhandlung des Films von 1975? Was ist Elmsfeuer? Warum ist Wasserstoff so hoch explosiv, obwohl es selbst in Wasser vorhanden und in Verbindung mit

Sauerstoff doch eher harmlos ist? Ist es ein zukunftsträchtiger Brennstoff für Autos und co.?

Als Kind war ich Titanic-Fan, nachdem der Film im Jahr 2000 im Fernsehen ausgestrahlt wurde und ich das Schiff daraufhin immer wieder baute. Ein Spruch aus dem Film von 1996, der auch theologische Züge hat, war: "Die Titanen wagten es, die Götter herauszufordern und für ihre Arroganz landeten sie alle in der Hölle." Das sagte Kapitän Smith kurz vor dem Untergang auf der Brücke zu einem Offizier, nachdem er es abgelehnt hatte, sich zu retten und mit dem Schiff untergehen wollte. Der Spruch, den ich letztens auf einem Plakat mit den Veranstaltungen der Studentengemeinde in Rostock sah, gab mir auch sehr zu denken, im positiven Sinn, dass Gott aus der Maschine kommt und das wahrscheinlich eine Einheit bildet. Gott ist die Technik, die durch die Natur und das Schicksal herausgefordert werden kann. Sie ist nicht perfekt, der blinde Glaube an die Technik, das hat das Ereignis des Untergangs der Titanic gezeigt und sicher auch die Zeppelin-Explosion, womit das Ende der Passagierluftschiffe eingeläutet wurde, mal abgesehen von kleinen Ballons und Gondeln mit Luftkörpern, die Helium statt Wasserstoff benutzen, einem Edelgas, das nicht brennen kann und unsichtbar, geruchlos ist, aber genauso gefährlich (Heliumvergiftung), also im wahrsten Sinne des Wortes ist das nichts zum Lachen, weil Helium ja auch die Stimme verstellt. Man fügt dem Wasserstoff-Atom noch eins hinzu und schon hat man Helium (H2). Wenn man Wasserstoff abbrennt, entsteht durch die Oxidation mit Sauerstoff beziehungsweise Feuer, Wasser, so funktionieren ja auch die Wasserstoff-Autos, dass statt umweltschädigender Abgase, Wasser aus dem Auspuff kommt. Aber Wasserstoff ist gleichzeitig ein sehr instabiler, anorganischer Stoff mit einer geringen Dichte, anders als Wasser, und dadurch leicht zu explodieren. Deshalb muss mit größter Vorsicht damit umgegangen werden.

Elmsfeuer ist das Ergebnis von akkumulierter elektrischer Ladung, die sich entlädt und dadurch ein Funkenflug entsteht. Das wird auch als ein Grund für die Zeppelin-Explosion angegeben, aber nur als erste. Der zweite Grund hatte man später vermutet, dass der Zeppelin kurz vor der Abreise einen neuen Anstrich mit entzündlicher Farbe bekommen hat und bei dem Flug durch die Gewitterwolke ein Funkenschlag den Zeppelin zum Explodieren gebracht hat, nachdem die Reise ruhig verlaufen war. Im Film von 1975, der als Katastrophenthriller gilt, war ein Saboteur, Anhänger des politischen Widerstandes im Dritten Reich, für die Katastrophe verantwortlich. Die Bombe sollte aber erst später nach der Landung gezündet werden. Da sich die Landung aber hinauszögerte und der Zeitzünder schon aktiviert war, konnte die Bombe im letzten Moment nicht mehr vom Colonel Ritter entschärft werden. Sie explodiert in einer der gigantischen Gaszellen und reißt das Schiff und die Menschen an Bord in den Feuertod, wenn sie es nicht schaffen, sich zu retten.

18. Ordination und Nicht-Ordination

Ich habe keine Ordination erhalten, nur eine Vokation, das heißt, eine Lehrbefugnis für die Erteilung von Religionsunterricht an öffentlichen Schulen (für ein Jahr im Moment), in Verantwortung vor dem Handeln Jesu und der christlich-abendländischen Tradition. Damit entstehen jetzt einige Probleme. Die Kirche hat sich dem staatlichen Gesetz unterzuordnen, was für alle gilt. Daher sind auch die

Entscheidungen zur Taufe, zur Konfirmation, zur Beerdigung, keine „Gesetze" in dem Sinn, sondern mehr Leitlinien zu einem verantwortungsvollen und authentischen Verhalten innerhalb der Kirche. Das heißt, man verstößt gegen kein Gesetz, wenn man tauft, ohne ordiniert zu sein, zumindest ist das aus dem Nordkirchen-Gesetz zu lesen. In Notfällen (Nottaufe) kann jeder Christ taufen. Ich würde es nur etwas komisch finden und das dann auch ablehnen, wenn ein Nicht-Christ tauft. Außerdem setzt eine Taufe auch eine gewisse theologische Vorbildung voraus. In der alten Kirche mussten die Taufkandidaten z.B. eine längere Zeit in einer Schule (Taufkatechumenat) verbringen und damit die Voraussetzungen erfüllen: Was geschieht in der Taufe? Um darüber Auskunft zu geben und das Christentum verantwortungsvoll zu kommunizieren. Darum geht es: Verantwortungsvolle Kommunikation. Theoretisch kann jeder Christ, jeder getaufte, das Abendmahl im evangelischen Glauben halten (Priestertum aller Getauften – unabhängig von einer höheren Weihe). Die Unterscheidung zwischen Klerus und Laien, diese gibt es im evangelischen Glauben (*de iure*) nicht, obwohl ich *de facto* auch andere Fälle wie pastoralen Klerikalismus (ein Begriff aus der Katechetik, der Lehre von der kirchlichen Unterweisung, das ein Pfarrer immer alles besser weiß als die Konfirmanden, das ist nichts neues) erlebt habe, was teilweise sogar verletzend war. Das darf nicht passieren! Ich suche eher nach neuen Plausibilitäten. Im Unterrichtsraum kann ich noch eine gewisse Pluralität des Heils vertreten, aufgrund der staatlichen Vorgaben und muss das auch. "Sie werden im Pfarramt untergehen, Herr Kerfack. Lassen Sie die Finger von der Kanzel! Überlegen Sie sich ernsthaft, ob der Beruf des Pastors für Sie der richtige ist." Diese Sprüche habe ich zu Genüge gehört und jetzt stehe ich zumindest virtuell auf einer Kanzel und kann damit sogar mehr Menschen erreichen. Ich wünschte nur, dass ich schon viel früher auf die Idee gekommen wäre.

Dann hätte ich vielleicht nicht Theologie studieren brauchen müssen, wobei das aber wichtig für die verantwortungsvolle und inhaltsreiche Kommunikation war, auch wenn das auch in anderen Studiengängen gelehrt wird. Durch eine Transformationsleistung hätte man das sicher dann auch in der Gänze leisten können oder Theologie aus Interesse gelernt. Aber ich bereue das trotzdem nicht, was ich jahrelang in Kiel und Rostock gemacht habe, weil die Entscheidung zum Theologie- und Philosophiestudium auch aufgrund der inhaltlichen Breite gefällt wurde und um eine abgeschlossene, wissenschaftliche Ausbildung zu haben, als geisteswissenschaftlicher Allrounder, wie im Medizinstudium die Naturwissenschaften.

Nochmal zum Thema mediale Kirche: Das wusste auch schon Rudolf Bohren, das in der Medienkirche vor 60 Jahren die Zukunft liegt. Damals ging es um die Diskussion von Radioandachten. Es ist außerdem Ausdruck der persönlichen Religionsfreiheit. Die Kirche kann einer Person das nicht einfach so verbieten oder ihre Vertreter, denn das wäre Diskriminierung, die staatlich geahndet, im schlimmsten Fall vor dem Verfassungsgericht landen kann. Daher sind die Kirchengesetze auch keine "Gesetze" in dem Sinne, sondern Leitlinien. Das Pfarramt ist notwendig für die Registratur der Taufen usw. Die Taufe führt zur Religionsmitgliedschaft, wodurch Steuern als Teil einer Körperschaft öffentlichen Rechtes erhoben werden. Die Taufe ist andererseits für immer gültig, trotz Austritt aus der Kirche und der Pflicht Steuern zu zahlen. Eine staatliche Aufsicht und

Authentisierung gibt es daher nicht. Aber wie verhält es sich jetzt z.B. bei freien Taufen? Anders als bei einer Hochzeit, hat eine Taufe nur bedingt eine staatliche, notwendige Legitimierung, höchstens eine kirchliche, die in Kooperation mit dem Staat tritt (Zahlung von Kirchensteuern). Bei den Freikirchen verhält es sich wieder anders, da diese die absolute Trennung von Staat und Kirche betonen und sich z.B. durch Spenden finanzieren. Außerdem kann man aus einer „regulären" Großkirche wieder austreten, aber die Taufe hat einen Ewigkeitscharakter trotz Kirchenaustritt.

Andererseits verleiht die Ordination das Recht zur Verwaltung der Sakramente und der öffentlichen Wortverkündigung. Doch durch die Digitalisierung und die Corona-Krise weicht die Befugnis immer mehr auf. Gottesdienste und andere Massenversammlungen dürfen nur noch bedingt stattfinden. Andachten und Gottesdienste werden Zuhause gefeiert usw. Die Ordination bezieht sich einzig allein darauf, in einer Kirche, in der Realität, im Gemäuer zu predigen und die Sakramente zu verwalten. Aber das kann letztendlich jeder Christ im evangelischen Glauben. Im katholischen Glauben ist das durchaus restriktiver, im Falle der Transsubstantiation, die nur der Priester vollziehen kann. Für den Literathon haben diese Spannungsfelder als "Religionslehrer" zwischen Staat und Kirche Folgen, besonders wenn es passieren kann, dass ich verbeamtet werde. Dann müssen beide Seiten "zu Wort kommen" und das geht folgendermaßen:

Der Literathon beschreibt sich selbst als "konfessionslos", also offen für alle Religionen und Gewissensentscheidungen. Aber: Ich biete sowohl christliche Sachen (Andachten in der Studiokirche) als auch Sachen von anderen Religionen oder Überzeugungen an, auch agnostisches usw., z.B. wie das Gespräch mit Süleyman als auch das Teezimmer, das Star-Orakel usw. 1., weil ich von der Nordkirche eine Lehrbefugnis bekommen habe, aber gleichzeitig keine Religion "erzwingen" darf, aus staatlicher Sicht. Das geht nur so, indem man ein doppeltes Angebot macht und jeweils Plausibilitäten herstellt. Ich bin ja dafür, dass sich beides nicht unbedingt ausschließen muss, Christentum und andere Religionen und Gewissensentscheidungen. Wahrscheinlich werden Religionskritiker eher die konfessionslosen Angebote in Anspruch nehmen. Vielleicht macht sie das Andere dann auch neugierig. Das ist ja ein Ziel des Literathons, die Herstellung von wechselseitigen Plausibilitäten durch ein doppeltes Angebot.

19. Distanz und Nähe. Grenzen und Möglichkeiten in sozialen Echokammern

Wir leben in einer Optimum-Gesellschaft, beziehungsweise so sollte es sein, obwohl man mal darüber nachdenken könnte, ob eine Pessimismus-Gesellschaft auch Sinn macht, denn es gibt ja z.B. dieses Stipendium für schlechte Noten, wo der Sinn eines Stipendiums ja ins Gegenteil verkehrt wird, vermeintlich, denn ein Stipendium ist ja nicht nur etwas für Leistungsstarke, sondern überhaupt ein Fördermittel für vieles.

Distanz und Nähe sind ein ambivalentes Verhältnis auf dem Literathon. Distanz und Nähe, Introversion und Extroversion, sind damit zu verbinden.

Ein „Kanzellampenfieber" ist bei der virtuellen Kirche abgeschwächt vorhanden. Introvertierte Menschen, die den Augenkontakt eher meiden, sind in der virtuellen Kirche wahrscheinlich selbstbewusster, da der direkte Kontakt durch ein weiteres Medium, dem Bildschirm, unterbrochen wird. Das wäre ein produktives Verhältnis von Distanz und Nähe. Es ist ein geschützter Raum, wie eine Echokammer als soziales Medium. Andererseits ist es wieder kein geschützter Raum, da ein Blog z.b. nicht rechtsfrei ist. Das heißt, es gibt z.B. eine Datenschutzpflicht oder eine Pflicht, dass Urheberrecht einzuhalten.

Aber man kann sich von anderen Dingen inspirieren lassen. Man muss sie dann nur "wissenschaftlich" verändern, das heißt, in einen anderen Kontext setzen oder mit einem Neologismus umschreiben. Das verhindert dann auch Ärger mit dem Urheberrecht. Oder du musst die Quelle benennen, wie auch auf YouTube. Denn da kann es passieren, dass du eine Verwarnung erhältst oder zumindest, dass jemand Anzeigen schalten kann, um über diese Werbeeinnahmen zu generieren, quasi als Autorenlohn im weiteren Sinne. Klar ist, dass sich der Literathon hauptsächlich sowohl über Provisionen, Spenden als auch Werbung finanziert, obwohl das virtuelle Fernsehstudio in Minecraft kein Geld kosten muss und allein für die Räumlichkeiten in der Fiktion zumindest viel Geld eingespart wird, die über ein überlapptes Video einen Bogen zur Realität spannt. Werbung ist essentiell wichtig, sollte aber auch passend eingesetzt werden, zum Thema passen, um die Leser nicht abzuschrecken.

Das wäre eine Grenze von sozialen Echokammern, speziell auf YouTube, oder auch, wenn du eine Website kostenlos gestalten willst, musst du Werbeanzeigen schalten lassen. Insgesamt habe ich das Gefühl, das Werbung in solchen Fällen wie ein Logos sind, die die Welt durchziehen und an dem jeder verdienen oder auch nicht verdienen kann. Werbung setzt ja auch einen gewissen Traffic beziehungsweise ein regelmäßiges Aufgebot an Lesern und Hörern voraus, damit sie sich auch finanziell lohnt. In diesem Sinne wäre das eine Möglichkeit von sozialen Echokammern. Eine weitere Möglichkeit und Grenze ist die Meinungsfreiheit, die sich in sich selbst beschränkt, aber gleichzeitig scheint das auf manchen Blogs nicht so zu sein. Aus der Ferne kann leichter etwas (auch etwas schlechtes) gesagt werden, obwohl trotzdem Millionen von Lesern zuschauen könnten. Ich habe das Gefühl, dass jeder heutzutage eine "Bewegung" aus Followern hinter sich hat. Was hat das für Konsequenzen? Gibt es noch mehr Grenzen und Möglichkeiten in sozialen Echokammern? Also ich würde schon sagen, dass eine gewisse Kontrolle darin stattfinden kann, durch einen selbst und den Administrator.

20. Psycho-Tricks. Wie das Theologiestudium oder andere Geisteswissenschaften durch "persönliche Angriffe" den Geist bilden

Ich erinnere mich an den Spruch aus einem kirchengeschichtlichen Proseminar:

„Geschichtswissenschaften schaffen Bewusstsein. Vorsicht!" Und dann die Frage: Was ist damit gemeint? Die Beschäftigung mit Quellen in Abgleich mit der Sekundärliteratur führt dazu, dass es nicht die eine Meinung gibt, die richtig ist beziehungsweise richtig sein muss. Wenn ein Forscher über eine Primärquelle einen Aufsatz schreibt, ist das seine Meinung, von vielen. Eher geht es jetzt darum zu prüfen, welche Forscher zu dieser Quelle noch etwas anderes gesagt haben könnten. Dennoch sind Quellen auch fehlerhaft. Das gilt es ja dann herauszufinden, ob eine Fälschung vorliegt. Urkundenfälschung ist nicht unbedingt ein

Verbrechen daher. Heutzutage gibt es jede Menge "Fakes", also z.B. Kommentare unter falschem Namen oder Pseudepigraphie, um ein Werk von jemanden oder vielleicht auch sein eigenes „hochzubauschen". Das kann dann auch als "Spam" gelten und landet gerne mal im Papierkorb. Klar ist, denke ich, dass es überall Quellen gibt, schriftliche wie mündliche, wobei beide zur "Fälschung" neigen, entweder durch eine Gerüchteküche oder durch die historischen Umstände, dass eine Urkunde deshalb gefälscht werden muss, um eine bestimmte historische Macht und Position zu legitimieren. Also sind diese Quellen auch mehr zum Schein und das kann ein Psycho-Trick sein, im Sinne einer Täuschung, um den Geist dahin gegen zu bilden. Aber ich spreche nicht von einer persönlichen Täuschung, sondern von einem persönlichen „Angriff", der zu mehr Erkenntnis führt. Ich erinnere mich an das Seelsorge-Seminar oder die Vorlesungen in Eschatologie, die Lehre von den letzten Dingen. Man musste schon etwas Kraft aufbringen, um nicht den Seminarraum verlassen zu wollen. Denn wenn man als "junger Mensch" mit einem so ernsten Thema, wie dem Tod konfrontiert wird, obwohl der eigene noch sehr weit weg ist oder auch nicht, z.B. durch Trauererfahrungen in der Familie, dann kann das sehr kräftezehrend sein. Ich bin endlich, weil ich die Endlichkeit in den Büchern lese und dann kam jemand von der Hospizseelsorge und sagte: „Ich habe keine Angst vor dem Tod mehr.", da die Person damit tagtäglich konfrontiert war und ist und sie durch die "persönlichen Angriffe" durch die Praxiserfahrungen wahrscheinlich persönlich „gewachsen" ist, in ihrem Lebenslauf.

Oft ist es da aber auch das Tempo der Lehrveranstaltung. An der Uni geht alles viel schneller als in der Schule z.B. Das kann die Gewohnheiten, das Vertraute angreifen oder auch die eigene Einstellung zum Glauben. Das Theologiestudium führt nicht direkt zum Glauben, fand aber, dass man durch einen Abgleich von Wissenschaft und Praxis doch im Glauben wachsen kann, wenn beide unterschieden werden können. Glauben aus Leidenschaft. Theologie aus Vernunft. Und das kann beides miteinander verbunden werden. Religion kann genossen werden, wenn es zugelassen wird, mal nicht über die theoretischen Hintergründe dieser oder jener Sache nachzudenken. Die Leidenschaft kann auch wieder zu mehr Vernunft führen oder diese jeweils bereichern. Besonders in Gemeinden, die mit der Universität nicht vertraut sind, ist eine Leidenschaft oder überhaupt „einfache Worte" und ein Bezug auf die jeweilige Lebenswelt der Hörer und Mitglieder sehr wichtig, um beide Räume (Leidenschaft und Vernunft) voneinander zu trennen, aber sie auch aufeinander je nach der Situation einwirken zu lassen, z.B. in einem theologischen Gespräch oder in einer Bibelstunde. Wissenschaft setzt immer eine gewisse Distanz beziehungsweise Neutralität voraus. Dieses bedarf vieler persönlicher Angriffe, um abgehärtet zu werden und "Sachen" leichter zu sehen. Es gibt eben nicht die eine Meinung, sondern die ist Teil einer Pluralität.

21. Wissenschaft und Transparenz oder: Warum man einen Menschen nicht unbedingt mit einem Nymphensittich vergleichen kann

Ein Mensch ist kein Nymphensittich. Das ist klar. Er hat keine Flügel, keine Krallen, wobei da wieder die Fingernägel der evolutionäre Nachfolger der Krallen sind. Genau wie bei den Vögeln, helfen sie uns bei alltäglichen Sachen, obwohl wir jetzt nicht unbedingt klettern. Aber für Vögel ist er teilweise auch eine Greifhand. Nymphensittiche und Papageien nehmen ihr Futter "intelligent" in die Kralle und fressen so. In dieser Hinsicht kann der Mensch mit "Krallentieren" verglichen werden. Trotzdem bei den moralischen Vorstellungen hapert es erheblich. Es gibt "homosexuelle" Sittiche, weil sie hormongesteuerter sind als wir. Mit Wissenschaft hat das was zu tun, weil Wissenschaft immer auch Transformierung ist. Transparenz heißt dann zu fragen: Woher kommt das? Quelle? Kannst du deine Aussage belegen? Ähnliche Verhaltensweisen werden auf andere gespiegelt und daraus Rückschlüsse gezogen. Vielleicht fühlen sich manche Haustierbesitzer deshalb so nahe mit ihrem Haustier verbunden, anders als z.B. bei Nutztieren, für die es in der Regel keine Tierfriedhöfe gibt.

Ich habe hier zwei Wellensittiche in meinem Zimmer. Sie verstehen sich meistens sehr gut, weil sie soziale Tiere sind, obwohl es manchmal auch Reibereien gibt. Sie sind aber "Mutanten". Ihr Federkleid hat nichts mehr mit dem Ur-Australier zu tun, obwohl sie manches von diesen noch tun, z.B. beim Schlafen mit dem Kopf im Federkleid zur Vermeidung des Wärmeverlustes, was in den kalten Nächten in der australischen Wüste notwendig ist. Aber sie haben längst nicht die Kondition wie ihre Artgenossen in Australien.

Sie sind auch ein bisschen verwöhnt, habe ich den Eindruck. Als sie letztens nicht bekommen haben, was sie wollten, Freiflug, haben sie die Futterschüssel umgeworfen – Hungerstreik, Revolution! Fehlt nur noch die rote Fahne....

Interessant ist, dass sich in dieser Hinsicht vieles dem Menschen ähnelt, z.B. das Aufplustern beim Kampf oder in einer angespannten Lage. Das wäre auch ein Grund dafür, Tiere zu schützen oder über den Umgang mit ihnen nachzudenken, aufgrund dieser Ähnlichkeiten.

Viele Verhaltensweisen sind erst bei der Partnerschaft (die aber eher eine Zweckehe ist) oder in riesengroßen Schwärmen sichtbar. Man sieht sie manchmal, wenn ich meine Videos abdrehe. Sie können die notwendige Studio-Stille manchmal erheblich stören. Aber das macht mir nichts. Auch dann nicht, wenn sie mir manchmal direkt ins Gesicht oder in den Bildschirm fliegen, wenn ich z.B. über Vögel nachlese und sie Artgenossen hören und darauf antworten. Aber man weiß oder sagt oft: Wellensittiche oder Nymphensittiche kennen keine Moral. In erster Linie geht es um ihr eigenes Überleben, erst dann kommen Partner und Familie, die eine sekundäre Bedeutung haben. Das heißt, es gibt immer Streit um das Futter, egal wie nahe sie sich stehen. Oder Streit um Spielplätze usw. Kranke Vögel werden meist aus der Gemeinschaft ausgeschlossen. Das stimmt nicht ganz. Vögel können trauern, jedenfalls sieht man das in manchen YouTube-Videos oder es gibt eigene "Friedhöfe" in den persönlichen Gärten. In dieser Hinsicht sind Sittiche nicht unbedingt mit Menschen vergleichbar, aber auf eine andere Art schon. Mal abgesehen von dem fast identischen, inneren Aufbau. Aber ich fand, dass man sie als Vorbild nehmen kann. Sie sind superschnelle Flieger, mit Geschwindigkeiten um 100 km/h, wenn die Wassersuche ernst und notwendig wird. Auch sind sie in ihrer Art sehr bescheiden und anspruchslos, nisten z.B. in Holzhöhlen und Ästen, leben nomadisch und sehr minimalistisch.

Man muss mithalten können, um im Schwarm zu überleben. Wobei ich in einem Video mal gesehen habe, dass ein gesunder Vogel einem kranken helfen wollte oder um den Besitzer um Hilfe "geschrien" hat, falls etwas nicht stimmte. Ich denke, dass doch Quasi-Moral-Vorstellungen vorhanden sind, auch wenn sie mehr dem eigenen Überleben oder dem des Schwarms helfen. Dann gibt es Verhaltensweisen, die bei den Wellensittichen selbstverständlich, aber in unserer Gesellschaft verpönt sind, z.B. die Paarung in aller Öffentlichkeit oder das Fressen von Kot, um Vitamine aufzunehmen. Das kann man häufig in großen Schwärmen oder auch im Zoo beobachten, wenn im Käfig gleichzeitig Brutkästen aufgestellt sind, sodass das Hand in Hand geht. Meist haben die Tiere aber viel Platz und werden gut versorgt. Sie brauchen auch den Schutz eines Zoos, weil sie mit ihrer auffälligen Mutationsfarbe in der freien Wildbahn keine Chance hätten. Mutationen können nicht so leicht rückgängig gemacht werden.

22. Religionsunterricht. Was ist das und warum?

Ich spreche hier vom Religionsunterricht im konfessionslosen Kontext, da ich selbst nichts anderes kennengelernt habe. Daher kann das Teezimmer auch eine Chance für Unterricht und Vorbereitung sein. Man unterscheidet auch in Zeiten von Corona zwischen Videos, die ständig übertragen werden, um Bildung zu vermitteln und Videos, die das einmalig und spontan tun. Ich habe einen Weg gefunden, eine digitale Kirche und ein Forschungszentrum aufzubauen. Letztendlich bin ich unabhängig, gestützt auf die Wissenschafts- und Religionsfreiheit. Aber ich sorge trotzdem für eine verantwortungsvolle Kommunikation und Authentizität, z.B. das Achten auf Details.

Eine Vokation können sowohl Leute von einer evangelischen Kirche als auch von einer Freikirche erhalten, wenn sie die dem jeweiligen Arbeitskreis der Kirche angehören. Mein Glaube war schon immer eher freikirchlich, obwohl mir das gar nicht so bewusst war. Heil und Glaube manifestieren sich vielfältig. Gott kann in einer Blume, einem Baum oder aber im „Traditionellen", wie Jesus Christus liegen, vor dessen Verantwortung und seiner Geschichte und Heilsbotschaft man Religionsunterricht halten soll. Jesus von Nazareth hat Menschen aus ganz verschiedenen Sozialisationen geheilt, bewegt und begleitet und begeistert, sie zum Leben animiert und dabei sein eigenes Leben riskiert, weil er mit dem Gesetz in Konflikt geraten ist. Das Gesetz ist wichtig, sollte aber auch nicht das Leben durch eine Furcht vor diesem einschränken. Angst ist gut, solange sie nicht lähmt. An diese Botschaft zu erinnern, auch eine Art „Leidenschaft zwischen Freiheit und Gesetz" weiterzugeben, ist ein Ziel von RU für mich.

Doch gibt es auch andere Religionen und Gemeinschaften auf dieser Erde und alle haben ihre spezifischen Heilswege und Phänomene, die sich untereinander auch ähneln können, auch mit dem vermeintlich Nicht-Religiösen (Religionshybride) im konfessionslosen Kontext. In den Lehrplänen werden alle Religionen berücksichtigt, obwohl die Definition ja eine sehr umstrittene und umfangreiche ist. Sie ist abhängig vom jeweiligen Kontext, in der geforscht und „Religion" gelebt wird. Wichtig ist eine wechselseitige Plausibilität und

Offenheit. Wenn man für das Nicht-Christliche begeistern kann, dann begeistert man sich vielleicht auch für das Christliche und umgedreht, auch z.B. bei konfessionslosen Schülern. Auf dem Literathon versuche ich genau dieses Konzept des doppelten Angebots umzusetzen, weil ich sowohl der Geschichte und dem Evangelium Jesu Christi als auch dem Staat und seiner Religions- und Gewissensfreiheit „verpflichtet" bin und es Ausdruck meiner individuellen Religions- und Meinungsfreiheit ist. Auch kann in einer virtuellen Kirche die Grenze zwischen Ordination und Nicht-Ordination etwas gelockert werden und jeder kann praktisch auf der Kanzel „stehen" und Religion inszeniert werden. Wichtig ist nur die verantwortungsvolle Kommunikation in Hinblick auf die Zuhörer und das geltende Gesetz (z.B. Datenschutz).

Man kann niemanden zu einer Überzeugung zwingen, aber möglicherweise gibt es Ähnlichkeiten zwischen den jeweiligen Überzeugungen. Darauf aufmerksam zu machen und z.B. Vorurteile kritisch zu betrachten, ist ein Hauptziel des Religionsunterrichtes für mich. Letztendlich bleibt das dem Schüler aber selbst überlassen (Prinzip der Unverfügbarkeit des evangelischen Glaubens).

Negative Freiheit schließt auch verantwortungsvolles Kommunizieren über einen Unterrichtsgegenstand ein. Man darf nicht einfach so was sagen (z.B. Beleidigung) oder ohne Belege etwas behaupten. Die negative Meinungsfreiheit, die sich in sich selbst beschränkt, führt auch wieder zur Freiheit hin. Das Gesetz ist ein Ermöglichungsraum von Freiheit für mich. Verantwortungsvolle Kommunikation über Unterrichtsthemen und das auch für andere Themen (als Transformationsleistung) an die Schüler in ihrer Lebenswelt weiterzugeben, ist ein weiteres Ziel des RU für mich. Gut, das sind auch mehr „Ideale", die sich erst in der Wirklichkeit beweisen und womöglich abgeändert müssen.

Insgesamt kann dadurch auch ein Verhältnis zwischen Staat und Kirche hergestellt werden, dass man beide Sachen beachtet. Mein Religionsunterricht-Konzept ist dreigeteilt, wobei es untereinander verschiedene Formen und Schwierigkeiten gibt, je nach der Klassenstufe, die dafür angewandt wird. Der erste Teil ist ein diachroner Teil mit einem Rekurs auf die Geschichte von Religion. Ich verwende für dieses Konzept das Konzept der Unterscheidung zwischen historischer und systematischer Religionswissenschaft, die auch in den exegetischen Fächer teilweise so angewandt wird. Der erste Teil ist ein mehr informierender Teil über Religion in der Sekundarstufe 1, die jeweiligen Weltreligionen je nach Klasse durchzugehen. Judentum, Christentum, Islam usw. Dazu tritt ein systematischer Teil mit Konzepten, die alle Religionen durchziehen (z.B. Kirchengebäude, Gläubige, Geschichte – Welche Bedeutung habe diese?). Der letzte Teil ist der Blick auf konfessionslose Formen, religionslose Formen von Christentum, z.B. Lieder, die in der Oberstufe (Klasse 11-12) beziehungsweise Sekundarstufe 2 behandelt werden können. Diese haben dann auch wissenschaftspropädeutische Bedeutung, dass Wissenschaft eine Übertragung des Bekannten auf das Neue im Grunde meint. Und dadurch können z.B. Texte miteinander verglichen werden.

23. Umsatz contra Unternehmensethik?

Umsatz steht im Mittelpunkt großer Unternehmen, da sie auch gleichzeitig Aktiengesellschaften sind. Sie sind der Inbegriff der Optimum-Gesellschaft, das Streben nach dem immerwährenden Guten. Bei Arbeitstätigkeiten geht es immer auch um die Einhaltung von Verträgen. Eine Optimum-Gesellschaft hat da vielleicht nur bedingt Platz. Klienten und Angehörige bezahlen für bestimmte Leistungen und nicht mehr. Jede zusätzliche Arbeitsstunde, die z.B. für vertiefende Gespräche genutzt wird, kostet der jeweiligen Krankenkasse noch mehr Geld. Ein Leistungsprinzip. Es geht um Umsatz und Gegenumsatz. Unternehmensethik fragt aber mehr nach der sozialen Verantwortung von Unternehmen (*corporate social responsibility*), also welche Angebote machen Unternehmen, um z.B. soziale Projekte zu fördern, z.B. Spendenaktionen, wofür dann die überschüssigen Umsätze verwendet werden.

Unternehmensethik hat auch etwas mit dem korrekten Umgang mit Konkurrenten zu tun. Jemand anderes eine Chance geben, möglicherweise auf eigenen Umsatz verzichten. Ethisches Verhalten hat immer etwas mit dem Streben nach dem "Guten" zu tun, wobei das auch der Deutung unterliegt. Das Gute kann „böse", das Böse kann „gut" sein (Verhältnis von Ethik und Anti-Ethik). Das ist z.B. abhängig von der Unternehmensphilosophie oder der weiteren Kontexte, z.B. der Gesetze des Landes, in dem man lebt. Deshalb unterscheidet ein Bereich auch zwischen einer Mikro- und einer Makro-Ebene, der Ebene innerhalb des Unternehmens und das sein Handeln bestimmt und die Makro-Ebene, eine gesetzliche Ebene, die auch ein Unternehmen begrenzen und beschränken kann (durch die

Einhaltung gemeinsamer Maßstäbe, Arbeitsgesetze z.B. und Richtlinien). Auch die soziale Marktwirtschaft ist eine Form der Unternehmensethik. Zwar gibt es immer noch Angebot, Nachfrage und Preisentwicklung, sowie das Konkurrenzstreben, aber der Staat hilft mit sozialen Maßnahmen und fängt Schwächer-Gestellte auf. Im Falle der Unternehmensethik übernimmt aber auch das Unternehmen selbst diese Funktion und fängt die Optimum-Gesellschaft etwas ab, falls es doch mal "pessimistischer" zugehen muss. Auch die Unternehmen als „Staaten im Staate" sind für die Umsetzung des Grundgesetzes und der sozialen Marktwirtschaft selbst verantwortlich.

Zusammenfassend: Umsätze können auch für unternehmensethische Projekte verwendet werden. Wichtig ist ein Ausgleich zwischen sozialen und wirtschaftlichen Interessen, um ein gutes Arbeits- und Produktionsklima herzustellen. Empathie, Unterstützung und Annahme sind da gute Faktoren. Trotzdem gibt es eine Differenz zwischen Ideal und Wirklichkeit. Nicht alle Unternehmen haben unternehmensethische Ansätze, da diese möglicherweise das Umsatz- und Optimumsstreben stören. Vielleicht kann es aber zu einem Umdenken kommen, falls erkannt wird, dass soziale Projekte auch die Produktion, das Optimum und die Umsätze steigern können, oder das Renommee einer Firma, wenn sich Wirtschafts- und Sozialpolitik in einem Gleichgewicht befinden. Soziale Projekte ohne eine Gegenleistung von der anderen Seite, führen wieder zu weniger Gewinn und gefährden möglicherweise die Unternehmensethik, sodass die Unternehmen sich wieder mehr auf die Umsätze konzentrieren und es zu einem "Teufelskreis" kommen kann, dem wieder entkommen werden möchte.

Texte

1. Literarische Planwirtschaft – Chancen und Grenzen

Dem Konzept der Planwirtschaft wird meist nachgesagt, sie sei eine "Mangelwirtschaft". Doch beide Systeme, Markt- und Zentralverwaltungswirtschaft, haben ihre Vor- und Nachteile. Jetzt gibt es auch immer schon neue Mischformen, z.B. der "Dritte Weg" in China oder soziale Marktwirtschaft, um wirtschaftlich Schwächer gestellte abzufangen, da die Marktwirtschaft möglicherweise "Verlierer" der Wirtschaft nicht schützt und die Entstehung von Monopolen nicht unterbindet.

Ich finde auch, wenn man die Konzepte untereinander mischt und die Nachteile so gut es geht in Vorteile verwandelt, ohne dass unnötig mehr Nach- beziehungsweise Vorteile (z.B. für mächtige Wirtschaftsleute) entstehen, dann kann das System funktionieren. Ein Plan ist nicht schlecht, in dem Sinne, dass man sich selbst ein Ziel, wie z.B. ein Lernziel vorgibt. Wir sehen, dass der "Plan" an sich fest in dieser Gesellschaft verankert ist, vielleicht nicht direkt ein "Alltagskommunismus", aber dennoch "planorientiert", da es immer noch ein Privateigentum an Produktionsmitteln und Gütern gibt, die individuell verplant werden können.

Entscheidend ist daher auch die Frage, mit welchen anderen Unternehmen man zusammenarbeitet, welche können den Plan und die fiktive Stadt unterstützen, welche nicht? Ich bin zwar nicht so streng, was das angeht, wir befinden uns in einer weltoffenen Kreativwerksta(d)tt, aber die Grenze der Zusammenarbeit wird dort gesetzt, wo es z.B. zur Beleidigung kommen kann, zur Desintegration usw., um die Freiheit Aller zu schützen und damit auch den „Plan".

Warum sollte man das jetzt nicht auch auf die Text- und literarisches Produktion spiegeln und weiterentwickeln können? Klar, erst mal ist es der fahle, historische Beigeschmack, dass Planwirtschaften meistens zum Bankrott des jeweiligen Staates geführt haben oder dieser Staat die Planwirtschaft dann mit marktwirtschaftlichen Elementen vermischt hat. Das tue ich auch. Ich orientiere mich am Angebot und der Nachfrage. Was für Bücher werden nachgefragt, welche Aufsätze, was zunächst mal mehr kundenorientiert ist. Das Angebot konzentriert sich dann mehr auf die Fiktion und die ist praktisch unendlich. Schwieriger ist es bei materiellen Sachen, aber in Hinblick auf die Fiktion kann gar keine Mangelwirtschaft entstehen.

Dennoch ist ein literarischer Plan gut. Um ihn flexibel zu gestalten, wäre es sinnvoll, eine Höchstgrenze und eine Mindestgrenze einzuführen, z.B. welche Bücher und Aufsätze möchte ich dieses Jahr schaffen oder überhaupt wie viele? Die Höchstgrenze ist auch gleichzeitig eine optimale Grenze. Zwar ist die "Orientierung am Guten und der Leistung" sinnvoll und wichtig, aber sie soll auch nicht überfordern, wenn z.B. jemand nicht so viel schreiben kann, um dieser Person empathisch zu begegnen. Jedes erste Wort kann zu einem Buch werden, etwas überspitzt gesagt. Ein Plan muss daher individuell für sich, je nach der Situation, entwickelt werden, und darf nicht indoktriniert werden.

Wichtig ist aber, dass überhaupt ein Plan entsteht, an dem man sich orientiert und der einen selbst etwas unter Druck setzt. Das Anderen dann zu erzählen, macht wahrscheinlich noch mehr "Druck", wobei das nicht immer gut ist. Deswegen: Mehr Empathie im Falle des Falls oder sich damit zurückhalten, was man erzählt von seinen Zielen und sie im Hintergrund ausführen. Keine Angst vor gewachsenen

Bibliographien im Sinne gewachsener LebensLäufe, also schon erfüllten Plänen! In der Fiktion kannst du ja einen solchen Plan auch entwickeln, z.B. durch die Konzeption eines Gesamtwerkes, einer Vorstellung über Zeitalter oder das literarische Universum entwickeln, was dazu führt, dass man schon am Anfang der Schriftsteller-Karriere und des Plans ein großer Schriftsteller (fiktiv) ist. Das macht unheimlich viel Mut und Selbstbewusstsein und sehr viel Spaß. Klar, "Luftschlösser" sollten es es dann aber auch nicht werden. Vielleicht erfüllt sich ein Plan ja auch auf eine andere Weise, die einem noch nicht bewusst ist (Unverfügbarkeit des Erfolges).

Der Literathon plant für dieses Jahr 2020 die Veröffentlichung von 4 weiteren Büchern und optimal 300 Videos auf dem YouTube-Kanal, um eine unternehmerische Basis zu schaffen (Überziel!). Eine weitere Höchstgrenze sind 200 Videos, aber mindestens 150, damit der Plan zu 75 % erfüllt (Mindestgrenze) wird. Das klingt erst mal nach sehr viel. Ist es aber nicht wirklich, weil die Videokulissen immer wieder verwendet werden können oder alte Handlungsstränge und Texte weiter verwendet und entwickelt werden können. Im Moment sind für dieses Jahr 50 Videos oder Blog-Einträge entstanden. Das heißt, der Plan wurde etwa zu 25 % erfüllt. Und das ist nach einem halben Jahr gar nicht so schlecht, wie ich finde. Jedenfalls steigen die Besucher- und Aufrufzahlen und das zeigt mir, dass das Tri-Konzept fruchtet.

Dieser Plan ist aber nicht unflexibel, sollte aber nicht abgeändert werden, sondern kann auch in ein Verhältnis mit anderen Aktivitäten, z.B. Sport, gesetzt werden. Dazu reicht die Bildung eines Dreisatzes, um die weiteren Aktivitäten auszurechnen (z.B. durch den Dividend 10). Wichtig ist auch ein Ausgleich, nicht zu viel und nicht zu wenig, um sich sowohl nicht zu unterfordern als auch zu überfordern. Vielleicht wäre das auch mal eine Idee für die Entwicklung von konkreten "Trainingsplänen" für Bücher und Sport? Für weitere Vorschläge bin ich da gerne offen.

Ein Beispiel (dazu bedarf es einer großen Zahl aus diesem Pool): 300 Videos geteilt durch 10 ergibt 30 (vielleicht 30 Laufveranstaltungen, Wettbewerbe?). Es sollte aber auch ein forderndes Ziel sein, also jetzt nicht z.B. 30 Stunden in der Hängematte liegen und das verplanen.

Zusammenfassung: Klar ist, denke ich, dass der "Plan" unseren Alltag durchzieht. Literarische Planwirtschaft ist nicht unbedingt eine kreative Mangelwirtschaft, sondern hilft auch dabei, sich auf Ziele zu fokussieren, sich zu fordern, aber auch gleichzeitig nicht zu überfordern. Wichtig ist auch eine Offenheit. Mit "Buch" oder Videos kann vieles gemeint sein. Wichtig ist da auch der Fokus, was genau geschehen soll.

2. Der Aufstieg des Augustus – Das "Ende" der Römischen Republik

Gaius Julius Octavianus beziehungsweise "Augustus", der Erhabene, war einer der größten, römischen Herrscher. In der Geschichtsschreibung wird er auch gerne als größter, römischer Kaiser bezeichnet. Trajan galt daneben als "Optimus Princeps", bester Kaiser, unter ihm kam das Römische Imperium im 2. Jahrhundert nach Christus an seine politische Großmacht und seinen Höhepunkt.

Augustus gelang es, den Frieden innerhalb und außerhalb der römischen Welt zu sichern und sich auch gleichzeitig mit seinen Gegnern auszusöhnen. Daher vollzog sich auch die Unterscheidung zwischen senatorischen und kaiserlichen Provinzen. Die kaiserlichen Provinzen lagen besonders in Krisengebieten, in dem der Kaiser oder Abgesandte (*legatus pro praetore*) von ihm die Statthalterschaft übernahmen, um im Ernstfall zu reagieren. Kaiserliche Provinzen lagen insbesondere an den Grenzen zu den Barbarenvölkern. "Barbare ist, wer kein Römer ist", galt als Devise. Er wollte aber nicht, dass er als Kaiser beziehungsweise Imperator bezeichnet wird, sondern als ein "Princeps", erster Bürger, als einer von vielen römischen Bürgern, um auch die Ideale der Römischen Republik zu achten und sich keine Feinde zu machen. Die Erfahrungen mit dem römischen Königtum vor der Republik, die sehr nachhaltig waren, verstärkten diese Bedenken. Bevor er Kaiser wurde, war er zunächst Konsul, gab aber dann seine Ämter aufgrund der Begrenzung der Amtszeiten ab, um eine gesetzliche Übereinstimmung herzustellen.

Dann verfiel das Land in eine Krisenzeit und der Senat gab dem Druck des Volkes nach und entschied, dass Augustus Konsul auf Lebenszeit wird. Damit wurde das römische "Kaisertum" (Caesar = Kaiser) begründet, wobei es eher als "Prinzipiat" bezeichnet werden sollte. Der Princeps hatte zwar eine herausgehobene Stellung, z.B. als Pontifex Maximus, der oberste Priester, der "Brückenbauer" zu den Göttern, aber der Senat hatte immer noch ein Mitspracherecht. Augustus konnte mithilfe eines Rücktrittes viel bewegen. Manchmal scheint mir, ist es auch gut, selbst auf etwas zu verzichten, um den Leuten zu zeigen, dass die Person, die zurücktritt wirklich gebraucht wird, wenn erkannt wird, dass sie fehlt. Ich hatte mir auch eine Strategie überlegt, es dann aber sein gelassen. "Passive Erpressung", diese hat Augustus nicht angestrebt. Ich täusche eine Beendigung meiner Selbständigkeit den "Neidern" und Unwissenden vor.

Das wird aber erheblichen Druck auf alle Parteien auslösen. So hat es auch Augustus gemacht, um seine Gegner zu beruhigen, legte sein Amt als Konsul nieder, das Volk machte Druck und der Senat ernannte ihn zum Konsul auf Lebenszeit. Bei mir sind das "Volk" die Leute, die mit mir schon zusammen arbeiten, z.B. durch Werbung. Ich lasse es lieber. Die Konsequenzen wären erheblich, ich würde alle Verträge verlieren. Mir gegenüber funktioniert diese Strategie schon mal.

Wenn ich jetzt z.B. von meinem "Amt" als Direktor der Kreativ- und Schreibwerksta(d)tt "PoliS" zurücktreten würde, nur weil ich Angst vor Gegnern und Neidern habe, dann würde ich diejenigen, die auf meiner Seite stehen und mich brauchen (z.B. Platz für Werbebanner auf dem Blog), mir Druck machen. Je mehr ich mich auf Werbung einlasse, desto mehr gerate ich auch in eine (positive) Abhängigkeit. Sie ermuntert mich, beziehungsweise die Leute, die mich unterstützen, dazu weiter zu machen. In einer Krisen-Situation (wie z.B. Corona), kann ich nicht einfach meine Hörer auf YouTube in der digitalen Kirche im Stich lassen. Der Druck würde wachsen und mehr und mehr Forderungen kommen. Das wird auch die "Neider" und Gegner unter Druck setzen, da die Unterstützer letztlich passiv gegen sie vorgehen, weil sie mich brauchen. Außerdem muss ich meine Verträge und Versprechungen einhalten. Ich finde, dass Neid immer deshalb entsteht, weil eine Person mit sich selbst nicht klar kommt. Aber das ist doch völlig egal! In der Fiktion ist alles möglich. Und ganz gleich wie neidisch du auch bist, du oder der Andere werden sich irgendwann immer durchsetzen, aufgrund der Unterstützer, die selbst davon profitieren wollen und mir auch Dinge ermöglichen. Das ist doch auch ein

Vorteil der pluralen und digitalen Gesellschaft. Falls etwas nicht klappt, so gibt es immer eine Alternative.

Am Ende kommen auch die Gegner wieder auf mich zu, habe ich die Erfahrung gemacht, weil sie keine andere Wahl haben. Ob ich das nun annehme, liegt in meinem Ermessen, muss aber vorsichtig sein, dass ich nicht selbst zum Diktator werde und z.B. nachtragend bin, das macht auch keinen guten Eindruck. Wenn diese Person mir aber immer noch Schaden zufügen will, dann wird sie aus meiner Sicht "ausgeschaltet", das heißt, ignoriert. Dann muss ich diktatorisch handeln, wenn die Diplomatie versagt, um das Projekt selbst und meine Unterstützer zu schützen. Nicht nur von mir, sondern auch von den Anderen. Das Gute wird immer siegen, über die Tyrannen, die Freiheit, es ist nur eine Frage der Zeit, vielleicht sogar über mich, aber das ist auch eine Frage der Deutung.

Wichtig ist ein Ausgleich zwischen den vielen unterschiedlichen sozialen und wirtschaftlichen Interessen. Doch in dieser virtuellen Stadt ist Platz für vieles, solange eines dem anderen nicht schadet.

3. Lichtnahrung und Veganismus.
Ein Problem der hinkenden, legitimierenden Argumentationsstruktur zwischen eigenem Ideal und gegenwärtiger Realität

Dieser Aufsatz ist kein Angriff gegen die vegane Lebensweise oder die der Lichtnahrung.

Es ist eher ein kritischer Einwand, die Argumentationsstrukturen, wie man sich selbst und seine Lebensweise vor anderen legitimiert, und dass diese Legitimationsstränge nicht immer hundertprozentig richtig sein müssen, sondern diese auch widersprüchlich sind. Da ich weder ein Veganer noch ein Lichternährer bin, kann ich das nicht zu 100 % einschätzen. Völlig berechtigt ist es, die Massentierhaltung und Milchindustrie abzulehnen.

Das ist auch nicht meine Absicht, eine Moral zu predigen. Ich denke aber kritisch darüber nach. Jeder soll sein Leben so leben wie es ist, solange man nicht einen anderen dazu zwingt, ob nun durch formelle (z.B. nicht zu hinterfragende Unterrichtsinstruktionen, Erziehungszwang) oder informelle Lehrmethoden (Plakate, die einen Zwang ausdrücken, Angst machen und einschüchtern). Viel wichtiger scheint mir, dass ein Lebensstil für einen persönlich plausibel sein muss, abhängig von seiner eigenen Biographie oder seinem Wissen, seiner Kritikfähigkeit usw., wenn ich formellen oder informellen Lehrmethoden begegne.

Das ist nicht Aufgabe dieses Aufsatzes, aber andererseits sollen bestimmte legitimierende Beispiele, die einen bestimmten Lebensstil rechtfertigen sollen, kritisch reflektiert werden, wenn ich diesen selbst persönlich begegne, z.B. bei der Rechtfertigung des Gegenübers und seiner Lebensweise und dieser mir diese erklären und erzählen möchte. Dieser Aufsatz beinhaltet nur einen kleinen Aspekt dieser hinkenden Argumentationsstrukturen, darunter weitere wie:

Enthalten pflanzliche Lebensmittel wirklich kein Fleisch oder sind Milchsäuren nicht auch Milch oder enthalten andere Lebensmittel versteckte, tierische Spuren oder enthält Wasser bei der Lichternährung nicht auch Mineralien, die in den abgelehnten Lebensmitteln nicht auch vorhanden sind? Wir stellen fest, es gibt viele lebensstilische Grauzonen und an genau diesen Spannungspunkten sehe ich ein Problem: Wenn etwas mit einer Analogie legitimiert werden soll, aber diese Analogie nicht zu 100% funktioniert, da sie sich selbst widerspricht. Dieser gibt es sicher noch andere. Ich beschränke mich daher auf zwei Beispiele, der Lichtnahrung und dem Veganismus. Und es geht darum, die Kritikfähigkeit in Diskussionen darüber zu schulen und möglicherweise seinen eigenen Lebensstil besser zu verstehen und ihn zu verteidigen, sowohl den eigenen als auch den des Gegenübers. Dazu zunächst ein persönlicher Einstieg, wie ich selbst zu Veganern und Vegetariern stehe.

Ich habe mich sehr gerne vegetarisch ernährt, bis ich irgendwann einen Eisenmangel hatte, den ich nicht mehr ausgleichen konnte. Ich habe nicht hundertprozentig den Schritt geschafft. Mein Umfeld ist etwas konservativ und ich habe manchmal nicht die Kraft, mich zu rechtfertigen oder jemanden indirekt nicht zu beleidigen, wenn ich sein Fleischgericht verabscheue. Andererseits sah ich vor ein paar Jahren ein Video: "Woher kommt die Weihnachtsgans?" und in einem anderen Film fand ich Parallelen zu Konzentrationslagern im Nationalsozialismus, indem die Selektion von weiblichen und männlichen Küken, die vergast werden, deutlich wurde und ich mich gefragt habe, ob nicht

Massentierhaltung ein ähnliches Konstrukt wie die industrielle Massenvernichtung der Menschen ist, wenn sie nicht in Lage waren zu arbeiten bzw. Eier zu legen oder Milch zu geben oder nicht profitabel genug waren.

Doch bevor meine Analogie selbst scheitert, geht es nur darum, meine eigene Erkenntnis aufzuzeigen, und dass die Veganer und Vegetarier mit ihrer Lebensweise durchaus Recht haben, ein Problem anzusprechen. Wenn wir mit Tieren genauso umgehen wie damals mit den Menschen, und alle Schmerzen empfinden können, nimmt sich der eine Umgang mit einem Lebewesen von dem anderen in der Vergangenheit noch viel? Eine berechtigte Frage, die hier aber nicht weiter ausformuliert werden soll. Vielleicht regt sie aber den ein oder anderen zum Nachdenken an. Ich sah im Geschichtsunterricht einen Film über die ungeschönten Bilder der Kzs, und die Gaskammern für Küken, und die der Menschen hatten Ähnlichkeiten, oder der Umgang mit den Leichen, dass sie verbrannt oder mit einer Schaufel weggeworfen werden, oder im Falle der Küken geschreddert werden. Aber was ist mit den Tieren, die nicht aufgrund künstlicher menschlicher Einwirkung Eier legen oder Milch geben (müssen)? 1. geben Kühe auf natürliche Art nur dann Milch, wenn sie Kälber bekommen, wie wenn die Menschen Kinder bekommen. Das heißt, sie müssen 2. künstlich befruchtet werden, um Milch zu geben, ohne Kälber zu bekommen und für die Milchwirtschaft zur Verfügung zu stehen. Es gibt nun Menschen, die sich nur von Licht ernähren (Prana-Glaube) und nur Wasser trinken oder überhaupt nichts, was aus medizinischer Sicht stark angezweifelt wird. Nach 3-4 Tagen stirbt der menschliche Körper aufgrund von Austrocknung, da dieser zum größten Teil (3/4) aus Wasser besteht und ständig Wasser verliert, das nach getrunken werden muss. Oft wird hier das Beispiel der Fotosynthese genannt, um diese Lichternährungsweise zu legitimieren. Eine Pflanze versorgt sich zwar auch über Wasser, Licht/Chlorophyll, aber gleichzeitig nimmt sie Nährstoffe und Mineralien (wie in Nahrungsmitteln für den Menschen) über die Wurzeln aus der Erde, sonst würde sie irgendwann eingehen. Lichtnahrung ist insofern sinnvoll, da sie die Vitamin D-Produktion anregt. Das ist dann wieder die Gegenargumentation. Trotzdem sind diese beiden Beispiele anhand der gestellten Frage "hinkend". Aber darüber kann man ja streiten.

4. Ein Traumtagebuch

Eine Gruppe von Jugendlichen in schwarzen Kleidern und Sonnenbrillen stürmte das Haus und verwüsteten es von innen. Alle die dort waren, auch ich, wurden gequält, gefesselt und geknebelt. Dann kamen zum Glück die Hausbesitzer mit Verstärkung und versohlten die Jugendlichen und befreiten uns. Dann musste ich einer öffentlichen Hinrichtung eines Gesellen oder Lehrlings eines skrupellosen Meisters im Jahre 1600 beiwohnen. Er hatte dem Meister falsche Informationen geliefert und fiel bei ihm in Ungnade. Dann ging es auf dem Marktplatz los. Der Geselle trug eine hellbraue bis zu den Knien lange offene Lederjacke mit großen schwarzen Knöpfen, eine Art Handwerkskittel und einen blond-braunen Scheitel. Er wirkte traurig, deprimiert und geistig abwesend. Dann wurde er auf einen Holzbarren zum Balancieren gebracht. Zwei Henker stützten und zog ihn von der Seite mit einem Seil an den Händen. Ein anderes Seil war an beiden Handknöcheln befestigt und waren oberhalb des Barrens an einer Latte befestigt. Als er das

Ende des Barrens erreichte, wurden seine Arme nach oben gezogen und er schrie vor Schmerz laut auf. Er fiel kerzengerade vom Barren runter, stoppte aber kurz vor dem Aufprall auf dem Boden. Er konnte sich nicht wehren und sich nicht bewegen. Diese Folterart geht auf das mittelalterliche „Pfahlhängen" zurück, wodurch die Schulterblätter ausgerenkt werden. Doch es geschieht mehr als das. Mehrere Leute prügeln plötzlich mit allen verschiedenen Gegenständen und auch Steinen auf ihn ein, sodass er vor Blut überströmt. Als er tot ist, wird seine Leiche abgenommen und in einem grünen Skelett skelettiert und rein gedrückt und als Warnung für die Öffentlichkeit und Unruhestifter an einem Gebäude aufgehängt.

Ich träumte von einem weitläufigen Vergnügungspark, in dem große Obelisken aufgerichtet waren. Es war ein schöner sonnenscheiniger Tag. Ich ging mit meiner Familie und meinen Nichten zu einem Funkmast. Auf dem Weg dahin entdeckten wir eine kleine Plattform mit einem breiten niedrigen Turm und einem stinkenden Keller, in dem eine alte Hexe war, die eine große, ovale Brille trug und sie in einem Heuhaufen lag. Sie grinste und lachte mich die gesamte Zeit an, doch ich ignorierte sie.

5. Einmal um den Pluto laufen - Imaginäres Planetenumlaufen

Diese Idee ist ein längerfristiges Projekt, das sich über 2 bis 3 Jahre hinwegziehen kann und alle Läufe und sportlichen Aktivitäten, die bis dahin stattfinden, zu einem höheren Ziel zusammenfassen soll, um einen Laufmotivator zu haben. Dabei denken wir darüber nach, wie es auf dem Pluto aussieht und dort trotzdem Leben möglich sein kann, zumindest in der Fantasie. Dann denken wir über Fragen des Terra(re)formings, der Nachhaltigkeit, des Schutzes des Planeten Erde, Umweltschutz und Ideen für Kurzgeschichten über die Nanokirche nach. Sonst sieht die Erde vielleicht bald wie der Pluto oder ein anderer toter (Zwerg-)Planet aus. Trotzdem bleibt am Ende die Frage:

Wie lange brauche ich oder braucht ihr, um den Pluto zu umrunden?

6. Die vegan-lebenden Nymphensittiche und "Super-Sportler"

Die Nymphensittiche (*Nymphicus hollandicus*) sind Tiere, die ich sehr bewunder, aber auch andere Sittiche und Papageienarten. Sie sind sehr minimalistisch lebend und leben in kleinen Gruppen (bis zu 50 Tiere) und ziehen als Nomaden durch die trockenen Ebenen und Wüsten Australiens. Sie sind Langschläfer (bis zu 12 Stunden Schlaf am Tag), wie ich finde und beschweren sich schon mal, wenn sie frühzeitig geweckt werden (Fauchen!). Aber sie haben trotzdem volle Energie. Auf der Suche nach Wasser müssen sie mehrere hunderte Kilometer fliegen, wie die Wellensittiche, und das mit Höchstgeschwindigkeiten von bis zu 100 Stundenkilometern, wenn die Suche nach Wasser dringend wird. Sie würden auf Strava wahrscheinlich alle menschlichen Sportler dieser Welt in den Schatten stellen und trotzdem ruhig und entspannt auf ihrem Ast "dösen" und ihr Gefieder pflegen. Das ist etwas, was sie sehr ausgiebig machen. Vielleicht erinnern sie uns daran, dass wir nicht die einzigen Sportler auf dieser Erde sind. Dabei können sie auch voller Energie und laut sein. Nymphensittiche sind sehr laut und haben einen lauten Kontaktruf, der für die Mitmenschen nicht immer angenehm ist, aber so halten sie Kontakt untereinander und machen auf sich aufmerksam, wenn etwas nicht in Ordnung ist, wie ein kleines Kind fast. Meistens wollen sie Freiflug haben (werden unruhig, trippeln auf der Stange hin und her) oder Futter oder Gesellschaft. Ziemlich wenig, nicht wahr? Ja, aber sie sind sehr zufrieden, sehe ich, freuen sich über das Wasserspritzen beim Duschen, strecken die Flügel aus (Engel machen) und das ist, so sagte mir ein Vogelkenner, pure Lebensfreude. Und ich finde, wir können viel von ihnen lernen. Sie leben u.a. auch komplett vegan (wenn auch unbewusst, denke ich). Sie ernähren sich von Körnern, Sonnenblumenkernen (die sind sehr fettig und sollten nicht den Hauptbestand im Futter wegen möglicher Überfettung bilden) und Obst und Gemüse. Das ist Wahnsinn. Sie sind von der Statur klein, schmal und schlank. Man würde von ihnen gar nicht solche Höchstleistungen erwarten. Doch sind diese Höchstleistungen wahrscheinlich auch auf die Evolution zurückzuführen. Da sie in Gebieten leben, in der die Sterblichkeitsrate aufgrund der Umweltbedingungen hoch ist, haben Sie sich an diese Bedingungen angepasst und die Natur hat ihnen ein paar wichtige Fähigkeiten dazu geliefert. Sie legen umfangreiche Nester mit bis zu 6 Eiern und sie können bei optimalen Bedingungen jederzeit brüten beziehungsweise ob es dem Weibchen passt. Von diesem ist abhängig, ob der Nistplatz (oft ein hohler Ast) gut ist und wie viel Ausdauer sie hat. Das Brüten und Legen von Eiern ist anstrengend und führt mitunter auch zum Tod (Legenot). Doch beide Elternteile kümmern sich um den Nachwuchs und das mehrmals im Jahr, damit die Art nicht ausstirbt. Die Eier sind daher auch für Fortkommen wichtig. Heutzutage leben diese Tiere nicht nur mehr in Australien, sondern sind auch hier heimisch durch Zucht oder als Gefangenschaftsflüchtlinge geworden, da sie sehr resistent sind (z.B. auch die Alexandersittiche beziehungsweise Halsbandsittiche) und Kälte gut vertragen können. Und dann sind sie natürlich Heimtiere, die in der Gefangenschaft sehr alt werden können (15-20 Jahre, es gibt aber auch Exemplare, die über 30 werden), wahrscheinlich auch wegen ihrer Ernährung (die vom Halter abhängig ist) und ihrem Drang zur Bewegung. Und obwohl sie in der Zucht aufgewachsen sind, so sind sie in ihrer ursprünglichen Art immer noch Australier. Sie haben aber nicht mehr mit Wüsten und mangelndem Wasser zu kämpfen. Vielleicht suchen sie sich dann neue Wege, um ihre Energie loszuwerden (laute Rufe, viel Freiflug, die haben sehr viel Spaß dabei). Einmal kam ich an einer Voliere vorbei und die Sittiche begrüßten uns, nachdem sie sofort zu uns ans Gitter kamen. Zusammenfassung: Wir können viel von Nymphensittichen und anderen Papageienarten lernen, die sehr minimalistisch und anspruchslos leben (Bezug auf die Primärbedürfnisse, auch wenn sie natürlich auch Spielzeug usw. mögen) und vegan (wenn auch unbewusst) und trotzdem sportliche Höchstleistungen erbringen und sie voller Energie sind.

7. Die Reste-Rezepte und Tipps zum Geldsparen

Durch das Laufen und die ziemlich minimalistische Ernährung (um begrenztes Geld im Studium einzusparen), die ich mir angeeignet habe, laufe ich jedes Mal Gefahr, dass mein BMI in Richtung Untergewicht läuft (er bewegt sich im Grenzbereich zwischen 20-22 und mein Tagesumsatz (ohne Laufsport) beträgt ungefähr 1660 Kilokalorien) und ich dann z.B. Schwächeanfälle (in Stresssituationen) und "Fressattacken" bekomme, was aber nicht schlimm ist, da ich gerne und viel esse und trotzdem nicht zunehme und mein Läufergewicht halte, um schnell laufen zu können. Aber ein niedriger Grundumsatz, aufgrund von Körpergröße und Gewicht, sorgt auch dafür, dass der Körper (in Ruhe) mit weniger Energie arbeiten kann und so auch weniger an Lebensmitteln eingekauft werden muss, was Geld einspart (weniger Kosten mehr Leistung). Der Umgang mit begrenzten Ressourcen (Güter sind immer knapp) ist auch ein Thema der Umweltethik in interdisziplinärer Auseinandersetzung mit der Wirtschaftsphilosophie (u.a. Kritikfähigkeit an Globalisierung und Kapitalismus im Spannungsfeld mit der Umwelt und der Lebenswelt entwickeln) und der Unternehmens- und Konsumentenethik (Verantwortungsbewusstsein hinsichtlich Konsumentenscheidungen entwickeln) oder anders: Wie wirtschaften und einkaufen, dass der Umwelt und den Mitmenschen, die den Warenkreislauf mit sichern, nicht geschadet wird? Im Studium war ich in der Mensa immer darüber schockiert, wie viel von dem wertvollen (und superleckeren) Essen in den preisgekrönten Mensen weggeworfen wurde, weil die Studenten sich zu viel auf den Teller packten (auch über die Musterportion hinaus). Ich sah auch Fälle, wo Beilagen (kostenpflichtige) unter dem Essen versteckt wurden, damit sie an der Kasse nicht verrechnet werden und dem Unternehmen beziehungsweise der Subventionspolitik des Staates (Studentenwerke als Träger der Mensen und Wohnheime werden staatlich unterstützt) somit geschadet wird, die dafür sorgen, dass der Waren- und Versorgungskreislauf für alle sicher gestellt wird. So kann auf (falschem) Weg Geld gespart werden: Sich mehr nehmen als man darf und dann trotzdem wegwerfen. Es sei denn, man kann sich die Reste (aber unkriminelle) in einer Thermo-Pappschale mitnehmen, was ich gerne gemacht habe, um ein Abendessen zu haben und dafür das Geld zu sparen, weil vom Mittag und im übertragenen Sinn von dem ausgegebenen Geld noch etwas da war. In einer anderen Mensa wird das "Problem" mit den Essensresten und der Verschwendung so gelöst, dass das Essen genau nach den Musterportionen ausgeteilt wird und sich niemand zu viel nehmen kann. Essensreste werden zu Biogas weiter verarbeitet. Minimalistische Ernährung bedeutet auch, nur so viel zu kaufen, wie nötig ist, und gleichzeitig so einzukaufen, dass die Lebensmittel nicht verderben (Verwendung vor Verderb). Ein Einkaufszettel oder ein Blick auf das Haltbarkeitsdatum z.B. kann den "Kaufrausch" zügeln (Kauftrieb), quasi als Über-Ich (s. Sigmund Freud). Oder aber auch alles verbrauchen, was da ist, bevor wieder neu eingekauft wird. An dieser Stelle kann Hungersnot erfinderisch machen, z.B. durch die Erfindung von neuen Reste-Rezepten. Ich hatte einmal nur noch etwas Reis, Quark und Paprika übrig und bevor die Paprika schlecht wird (das wird sie schnell), habe ich mit Reis gefüllte Quarkpaprikas "erfunden", die erstaunlich lecker waren. Auch der Literathon ersetzt die Notwendigkeit einem Verein beizutreten, was Geld kostet und man kann trotzdem Leute treffen oder auf Konferenzen oder im Seminar davon erzählen, die sich für das Thema (z.B. auf Strava) interessieren. Phantasievolle (Lauf-) Reisen (Bücher lesen) ersetzen die Notwendigkeit auf Reisen zu gehen, was auch Geld kostet. Geldsparen ist zudem eine Grundvoraussetzung der erfolgreichen, beruflichen Selbständigkeit, besonders dann, wenn das Unternehmen noch in den Kinderschuhen steckt und noch nicht so viele Einnahmen produziert. Bei mir kommt noch dazu, dass ich seit 2013 keinen Alkohol mehr trinke, nie geraucht habe, was noch mehr Geld einspart und quasi auch ein Umgang mit einer begrenzten Lebensressource ist, meiner eigenen beziehungsweise meiner Gesundheit. Auch der Verzicht auf andere abhängig machende Ressourcen, stellen mehr Lebensressourcen und Lebensmöglichkeiten bereit und sparen Geld ein. Zusammenfassend: Wenn man Geld einspart, dann spart man auch begrenzte Ressourcen ein und öffnet sich für neue Lebensmöglichkeiten und Erfindungen. Der Umgang mit begrenzten Ressourcen ist ein Hauptthema der interdisziplinären Umwelt-, Unternehmens- und Konsumentenethik und der Wirtschaftsphilosophie.

Fallen dir noch mehr Methoden und Mittel oder Reste-Rezepte ein, um Geld einzusparen?

8. In 80 Tagen (um die Welt) 1000 Kilometer laufen – Eine Verbindung von Literatur und Laufsport

Das Projekt musste leider erfolglos bleiben und verschoben werden. Durch den Frühling kommen die Pollen wieder und in China ersticke ich an den Blumen. Mich setzt das total außer Gefecht. Resultat: In 80 Tagen (1000 km) um die Welt wird verkürzt, wegen Krankheit und Pollenallergie, auf 500 Kilometer oder quasi wird die Erde geschrumpft, wie im Film, wenn die Kulissen mehrerer Länder in einem Studio abgedreht werden, ohne überhaupt wirklich die Erde zu umrunden. Bloß kein Stress. Eine Pollenallergie beim Laufen ist eines der schlimmsten Sachen überhaupt und kaum zu ertragen. Fast 30 Tage sind vergangen, aber es sind erst 150 Kilometer von 1000 gelaufen worden. Die durchschnittlich zu laufende Distanz pro Tag ist von 12 Kilometer auf 17 Kilometer angestiegen. Einzige Lösung ist, mehr als 17 Kilometer zu laufen, um die Durchschnittszahl langsam zu senken. Ich habe einfach zu lange „Urlaub" in Griechenland gemacht und bewege mich jetzt auf die Seidenstraße Richtung Asien und Japan zu. Wenn es mir gelingt nach der halben Zeit 500 Kilometer zu laufen, dann habe ich es fast geschafft, um über die Beringstraße, nach Alaska überzusetzen und Kanada zu durchlaufen. Bericht nach einer Woche: Es ist schwierig, bei schlechtem Wetter oder schmerzhaften Muskelproblemen in der Achillessehne oder im Oberkörper das Soll von 12, 5 Kilometern pro Tag zu laufen, um letztlich auch auf 1000 km nach 80 Tagen zu kommen. Im Moment durchzieht eine Dauerregenwelle Deutschland. Wenn ich an einem Tag weniger laufe, dann erhöht sich natürlich die Durchschnittskilometerzahl, die ich an den folgenden Tagen laufen muss. Andersherum verringert sie sich wieder, wenn ich mehr als 12,5 Kilometer laufe. Da ich immer sehr zügig laufe, was letztendlich gar nicht nötig ist, fällt es mir schwer, langsamer zu werden. Aber wenigstens konnte ich Frankreich und Paris (wie im Buch von Jules Verne) erreichen und leckere Croissants essen. Die nächste Reise führt mich über Venedig nach Griechenland, Athen, wo ich über den Bosporus übersetze und über Olympia und Konstantinopel siniere, um dann den Weg durch Asien nach Indien, China anzutreten. An dieser Stelle weiche ich vom Buch ab, da ich nicht über das Wasser, das Mittelmeer, laufen kann, beziehungsweise auf dem Dampfschiff Richtung Suezkanal. Wieder so eine etwas verrückte Selbstwette. Es sind durchschnittlich 12,5 Kilometer am Tag zu laufen, um das zu schaffen, leider ohne den einen Tag-Zusatz durch den Sprung über die Datumsgrenze Richtung Osten. Jules Verne "In 80 Tagen um die Welt" ist ein Lieblingsbuch von mir, was ich gerne auf diese Tour mitnehme und lese oder den Film nach dem Laufen dazu schaue. Es geht auch darum, kulturelle Besonderheiten des jeweilig erreichten Landes auszuprobieren. Ich verfolge damit auch einen diakonischen Zweck für mich und für andere. Da ich mir, und wahrscheinlich die meisten Menschen sich keine Weltreise leisten können, versuche ich mir und hier die Welt her zu holen, so gut es geht, in der Fiktion, die aber trotzdem Teil der Realität wird. In Real zwischen zwei Welten sein. Es ist eine imaginäre Phantasiereise und so viel wie möglich muss die jeweilige Stadt in dieser gedacht werden. Mal sehen, ob ich es als alias Phillias Fogg schaffe oder aufgeben muss. Ich werde hier und wieder darüber berichten. Außerdem können damit auch andere Läufe vernetzt werden, der Pluto-Umlauf oder der Laufuhren-Test, und die Leistungen darauf angerechnet werden.

9.   Der   None-PStop-Tag   des   Literathons

An einem Tag werde ich einen Tag nur rennen und mich frühmorgens, vielleicht um 6 Uhr, mit meinem Rucksack und der dann schon erfundenen und darin verstauten Lauftaucherflasche auf den Weg begeben. Deswegen ist ein notwendiger Halt auf dieser Strecke auch nicht notwendigerweise eine bewusste Pause, sondern eine unbewusste. Ziel ist es, eine Ultra-Marathon-Distanz von mehr als 42 Kilometer zu laufen. Und das wohl total "verrückte": Ich freue mich riesig auf meine eigene Laufveranstaltung, wozu ich noch eine Urkunde erstelle, und vielleicht eine Medaille aus der Werkstatt backe und gestalte. Der Literathon ist damit auch ein Projekt, das einen selbst fordern kann, bezüglich der Ideen, die während der Sport-Geistesblitze entstehen. „Pluto" kann dann noch schneller umlaufen werden. Und wer weiß, wenn ich genug Energie habe, dann kann ich das vielleicht noch öfter machen. Wie beim Adventskalender-Laufstreak geht es darum, Daten zu sammeln und an die Grenzen zu gehen, und solche Laufveranstaltungen selbstkritisch zu betrachten, die Blog-Einträge vorher und nachher zu vergleichen. Und natürlich freue ich mich über die Sport-Geistesblitze, die während des Laufens entstehen und die Ideen, die die Website und mich bereichern. Unter dem Schlussstrich war das ein Supertag. Nach der Strecke, in meiner Erinnerung, bin ich wohl einmal um die Stadt herum gelaufen und im Zick-Zack-Kurs zwischendurch. Ich lief um 10:30 Uhr von Zuhause los und kam um 15:30 Uhr wieder an. Ich habe die Gehzeiten und kurzen Pausen und Ampelhalte von den Laufzeiten abgezogen, so gut es ging. Oft kann ich die Uhr nicht auf die Sekunde genau anhalten. Ohne Pause geht es doch nicht.

Zwischendurch aß ich ein Brötchen, das ich mir "auf einen kurzen Sprung" kaufte. Ich hatte mir einen Liter Mineralwasser in zwei kleinen Trinkflaschen mitgenommen und in die Seitenfächer meines Rucksacks gepackt, den ich fest auf den Rücken spannte. Die Flaschen musste ich aber in der Hand halten, wie einen Staffelstab, nachdem ich eine aus dem Fach genommen habe. Zwar fiel das GPS nach 10 Kilometern in 55 Minuten aus, aber ich nahm dann das Schrittzähler-System, das nicht so viel Akkustrom kostet, aber eben nicht ganz genau ist, damit die Uhr auch weiterhin funktioniert. Das GPS verbraucht sehr viel Strom, besonders dann, wenn der Kontakt wegen eines Hindernisses abbricht und es neu justiert werden muss. Von diesen 53,5 Kilometern im Schritt-Zählersystem müssen noch die 7,5 Kilometer Training von Gestern abgezogen werden. Aber selbst dann sind es 46 Kilometer in 3 Stunden 38 Minuten und 20 Sekunden. Ich hatte meine Stoppuhr benutzt, um die Zeit zu messen. Länger als 4 Stunden hätte der Wasservorrat nicht gereicht, sodass ich den Tag mit den Vorräten gut kalkuliert habe. Der Lauf-Los-Topf kann wieder verwendet werden. Denn die gezogenen Lose müssen erst gelaufen werden, bevor ein neues Los gelaufen wird. Und das Lustige war, dass ich zunächst zwei Papierschnipsel mit 1km-Nieten gezogen hatte und dann auf einmal einen Papierschnipsel mit einem 42-Kilometer-Marathon-Jackpot. Größer kann der Unterschied wohl nicht sein, zwischen Pech und vermeintlichem "Glück". Und der None-PStop-Running-Day war dafür die beste Gelegenheit, die Lose abzulaufen, um dann neue ziehen zu können. Aber ich bin jetzt wohl ein „Ultra-Marathoni", was mich sehr stolz macht und ich habe auch viel entdeckt und gesehen und über mich selbst gelernt. So lange zu laufen, kann sehr langweilig sein. Mein Kopf braucht Futter, sodass die kreativen Besinnungshalte des Literathons eine Möglichkeit dazu sind, den Kopf zu füttern. Ich werde mir auch beim nächsten Mal ein Buch mitnehmen, damit ich mich nicht so langweile. Deswegen mag ich kurze schnelle Läufe bis maximal 1 Stunde lieber, als lange und langsamere. Das schnelle Laufen beziehungsweise fast Sprinten macht mir mehr Spaß. Trotzdem entdeckte ich eine kleine Ausstellung über die Federschwingerschnecke, die in der Ostsee lebt und von der Übersäuerung des Wassers bedroht ist und ihr Kalkstein-Haus wahrscheinlich bis 2085 Löcher bekommen wird und die Übersäuerung exponentiell ansteigt. Ich dachte über Weihnachtsbaumfriedhöfe an fast jeder Straßenecke nach und ob man die Bäume wiederbeleben kann. Da ich viel Energie verloren habe und ich noch Reis und Paprika übrig hatte, habe ich die Paprikaschoten halbiert und mit Reis und etwas Quark gefüllt. Sehr lecker und gesund.

10. Der Adventskalender-Laufstreak

Diese Idee entstand als ich mich an meinem geschenkten Adventskalender versündigt und ihn komplett noch vor dem 1. Dezember geplündert habe, weil ich total unterzuckert war, nichts anderes da war und mich nicht zurückhalten konnte. Zuerst machte ich jede Tür einzeln auf und dann riss ich das Material auseinander, um schneller an meine "Beute" heranzukommen. Das schlechte Gewissen stellte sich leider erst nach dem Fressen der kleinen Häppchen ein und ich machte mir einen Kopf darüber, wie ich mich entsündigen kann, um das goldene Kalb an meinen Hüften los zu werden. Ja, wie soll das am besten wohl gehen? Na klar, mit Laufen und das kann doch so viel mehr Freude machen als diese kleinen Schokohäppchen, oder etwa nicht?

Hierbei geht es darum, pro Tag vom 1. bis zum 24. Dezember so viele Kilometer zu laufen, wie der jeweilige Tag angibt. Also 1. Dezember 1 km, 2. Dezember 2 km usw. Ich werde darüber berichten, wie es mir damit gegangen ist. Das sind insgesamt genau 300 Kilometer, die in 24 Tagen abgeleistet werden müssen, wobei es natürlich selbstverständlich ist, dass man sich genau an die Kilometer pro Tag halten soll. Wahrscheinlich wird es zunächst zu langweilig sein und am Ende zu fordernd, da die Kilometerzahlen ungleich verteilt sind. Aber das soll ja auch so sein und gerade eine fordernde, trickyhafte Herausforderung sein. Aber du kannst dich auf deine Weihnachtsgeschenke umso mehr freuen, weil du schon sehr viel geleistet hast.

Mich erinnert diese Herausforderung auch an die Geschichte zwischen einem persischen König Mitras und einem Bauern, der ihm einen Wunsch erfüllen wollte. Der Bauer möchte so viel Reis haben, wie er auf jedem Schachbrettfeld bekommt, wenn die Körner pro Feld immer verdoppelt werden und das Verdoppelte auch.

Der König dachte sich: Ein Klacks, aber bei 64 Feldern, die die Körner immer weiter exponentiell verdoppelten, kommt eine Unsumme an Körnern heraus, die nicht mehr leistbar waren. Der Bauer wurde eingesperrt und fiel in Ungnade.

In diesem Sinn kann das Maß zu halten eine wichtige Eigenschaft sein, um sein eigenes Läuferleben nicht im symbolischen Kerker zu verbringen, Krankenhaus, auf dem Therapietisch oder zumindest das Sofa, dass man lange nicht mehr laufen kann, weil man sich überlastet hat. Und falls doch, kann man sich die Kilometer doch ausnahmsweise auf alle Tage verteilen, Hauptsache die Endsumme stimmt? Dieser Streak funktioniert ähnlich wie der Adventskalender-Streak, nur dass er jetzt an 31 oder 30 oder 29 oder 28 Tagen vollzogen wird, nach demselben System, was zwischen 400 und 500 Kilometer pro Monat ergibt. Diese Streakform lässt sich auch weiterführen, vielleicht ein Karnevalstage-Streak? Oder ein Fastentage-Streak? Wobei letzteres wahrscheinlich widersprüchlich ist. Anstatt das Laufen zu "fasten", läuft man immer mehr und diese Art des Laufens verträgt sich wahrscheinlich nicht mit dem Verzicht auf Lebensmittel und co., da sonst zu viel Energie fehlt. Einen Jahres-Streak empfehle ich nach diesem System nicht, da du dann an Silvester 365 km laufen musst. Wieder geht es darum, ein richtiges Maß zu finden. Ein Erfahrungsbericht nach 23 gelaufenen Tagen und der Abschluss des Projektes. Laut meinem Trainingskalender bei Strava fehlen noch 10 Kilometern von den 300 Kilometern und ich werde sie als Toleranzabzug behandeln und als Chance, den 24. Dezember als Besinnungshalt zwischen meinen Lauftouren vor und nach Weihnachten nutzen. Heute lief ich eine Strecke von knapp 33 Kilometern, also deutlich mehr als von diesem Tag gefordert, beziehungsweise habe ich eine "Tür" schon zu weit aufgemacht, da ich eine zu weite Hinstrecke lief. Ich empfinde es als richtig, sie auf die Kilometer morgen anzurechnen. Zur Ruhe kommen und in diesem Sinne kein wahnsinniger, sondern ein weiser Läufer zu sein, der sagen kann: "Es ist gut! Du hast sehr viel geleistet. Sei stolz darauf." Immerhin kamen jetzt 290 Kilometer in 24 Tagen zusammen und es wurden drei Halb- und Ultra-Halbmarathons hintereinander gelaufen. Dieses Projekt war sehr waghalsig und ich werde es im nächsten Jahr modifizieren. Gründe sind unter anderem der ständig fehlende Wasservorrat. Ich musste heute meine Mineralwasserflasche im Läuferdreieck unter dem Arm transportieren. Das war unbequem und gleichzeitig beschwerlich. Die Apparatur mit der Lauftaucherflasche muss ich noch erfinden, habe da aber schon Ideen. Dann hatte ich oft Hunger, es war kalt, stürmisch und Regenläufe können was Tolles sein, aber auf Dauer sind sie entmutigend, besonders wenn der Regen und die Luft kalt sind. Aber ich fühlte mich meistens nach Nachtschlaf und viel Futter vor dem Lauf (Reisbrei mit Gemüsepesto) sehr gestärkt. Der Reis hat dauerhafte Kalorien und durch die Breiform gibt es auch keine Magenkrämpfe während des Laufens. Da ich nicht so oft Fleisch zu mir nehme, übersäuert der Magen auch nicht. Streaks können sehr belasten und die Risiken der Vertrocknung oder des großen Energiebedarfs, der ausgeglichen werden muss, müssen bekannt sein. Laufen kann sehr viel Spaß machen, ja. Bei dieser Distanz heute fühlte ich mich sehr gut und richtig erfüllt, ich könnte ewig weiter laufen, dachte aber gleichzeitig an meine Familie und die Weihnachtszeit. Der Laufsport darf das nicht ersetzen, sei das Projekt auch noch so ehrgeizig. Und morgen an Heiligabend gibt es viel zu tun, sodass das natürlich vorgeht und ich meine Laufschuhe dann nicht schnüre. Zusammenfassung: Die Unterschiede zum Anfang sind schon sichtbar und mir zeigt der Vergleich, dass ich einiges dazu gelernt habe. Ich kann mit "offiziellen" Streaks reflektierter umgehen (die Idee ist nicht neu) und habe an Weisheit und Besinnung dazu gewonnen, anstatt einfach los zu laufen, was letztendlich auch Spaß gemacht hat. Es macht mich stolz, etwas durchgezogen zu haben, aber die Streak-Form sollte auch laufkritisch betrachtet werden.

Traust du dir das auch zu, diesen Streak zu laufen und davon zu erzählen?

11. Der Lauf-Los-Topf

Der Lauf - Los - Blumentopf

Der Lauf-Los-Topf				
5 Kilometer	2,5 Kilometer	12 Kilometer	5 Kilometer	2,5 Kilometer
15 Kilometer	10, 5 Kilometer - Viertelmarathon	5 Kilometer	2,5 Kilometer	10 Kilometer
21 Kilometer - Halbmarathon	10 Kilometer	5 Kilometer	1 Kilometer - Niete	1 Kilometer - Niete
1 Kilometer - Niete	5 Kilometer	3 Kilometer	500 Meter - Schnelllauf	500 Meter - Schnelllauf
5 Kilometer	21 Kilometer - Halbmarathon	42 Kilometer - Marathon	42 Kilometer - Marathon	21 Kilometer - Halbmarathon
31, 5 Kilometer - Dreiviertelmarathon	31, 5 Kilometer - Dreiviertelmarathon	10, 5 Kilometer - Viertelmarathon	12 Kilometer - Volkslauf	5 Kilometer
15 Kilometer -Volkslauf	21 Kilometer - Halbmarathon	21 Kilometer - Halbmarathon	21 Kilometer - Halbmarathon	1 Kilometer - Niete
1 Kilometer - Niete	1 Kilometer - Niete	10, 5 Kilometer - Viertelmarathon	10, 5 Kilometer - Viertelmarathon	10, 5 Kilometer - Viertelmarathon
10 Kilometer	10 Kilometer	3 Kilometer	3 Kilometer	42 Kilometer - Marathon
2,5 Kilometer	2,5 Kilometer	15 Kilometer	15 Kilometer	12 Kilometer
12 Kilometer	12 Kilometer	10, 5 Kilometer - Viertelmarathon	10, 5 Kilometer - Viertelmarathon	21 Kilometer - Halbmarathon

Diese Idee kam mir während des Laufs am 22. Tag des Adventskalender-Laufstreaks 2018 und ich jubelte und streckte die Hände in einer wohl typisch, läuferischen Flugzeug-Haltung aus, wie ich mich gerne über das schöne Leben auf dieser Erde freue und über den Geistesblitz, den ich hatte. Ein Beweis dafür, dass Laufen und Geistbefreiung beziehungsweise Ideenreichtum wirklich gemeinsam funktionieren und der Literathon als Ganzes. Gut, vielleicht ist die Idee nicht wirklich neu, aber für meine Website und mich schon und das soll einen nicht klein machen. Es geht darum, jeden Tag eine neue Laufherausforderung zu haben, die du dir selbst stellen kannst. Besorge dir einen Eimer aus Plastik, vielleicht einen Blumentopf, und schreibe drauf: "Lauf-Los-Topf" oder auf einen Zettel, den du ran klebst. Und dann fertige Papierschnipsel an und falte sie, auf denen du verschiedene Distanzen (5 km, 10 km, 1 km, Schnupperlauf, Ruhetag, Halbmarathon, Ultra-Halbmarathon, Marathon-Jackpot usw.) schreibst. Du kannst jeden Tag einen Schnipsel ziehen und öffnen. Und du läufst los. Ein Lauf-Los im weiteren und doppeldeutigen Sinn. Es geht um das Können, nicht um das Müssen. Wenn du krank bist oder dich von einer Lauftour erholen musst, dann kann der Los-Topf natürlich auch geschlossen bleiben. Und du kannst das Los einmal (!) tauschen, wenn du magst und ein neues ziehen. Aber vielleicht hilft die Idee dabei, sich für eine Herausforderung zu entscheiden, wenn es derer zu viele Möglichkeiten gibt.

12. Eine Methode zu Erstellung von Trainingsplänen und Urkunden

Nicht nur das Geld inflationiert, sondern auch Noten, Urkunden und Podienfotos treten in Massen auf. "Ich bin schon 150 Marathons usw. gelaufen." Das kann Angst machen (Mache ich genug?), Ehrfurcht auslösen (Alle Achtung!), Neid (Interessiert mich nicht.), aber auch Anerkennung bringen. Solche Aussagen sind immer zweideutig und abhängig von der Gemütslage deines Gegenübers. Auf Strava gibt es tausende Strecken und Erfolge auf der gesamten Welt und jeder kann mit seinem Smartphone und GPS ein Gewinner sein. Du läufst eine ganz normale Joggingstrecke und weißt nicht einmal, dass diese Strecke schon längst „straviert" wurde, in Strava als Strecke aufgenommen wurde. Und plötzlich hast du, wenn du die Strecken gelaufen bist, einen Erfolg oder sogar mehrere. Die Grenzen zwischen inoffiziellen und offiziellen Läufen verschwimmen. Heutzutage kann jeder einen Marathon veranstalten und veröffentlichen. Erfolge gibt es jede Menge zu gewinnen, wie aus dem Laufschatz gehoben und reichlich vorhanden. Doch was ist noch das Wesentliche, wenn alles inflationiert? Zunächst mal ist es gut, dass wir Erfolge haben, was den Ehrgeiz zu mehr anstachelt. Trotzdem soll dieser Erfolg nicht klein gemacht werden, wenn du z.B. gerade mit dem Laufen anfängst, nicht genug Geld für die Teilnahme an Turnieren und Laufveranstaltungen hast, oder vielleicht nicht so schnell laufen kannst, wie jemand, der einen Marathon unter drei Stunden läuft. Deine Ziele und deine jeweiligen Konditionen sind genauso viel wert, wie die schon erreichten der Anderen, fiel mir als motivierender Satz. Ich sehe darin sogar einen diakonischen Zweck, dass ein vermeintlich Schwacher sehr stark werden kann, und dieses System, dass du an dir selbst wachsen kannst und niemand mehr Angst haben muss, zu versagen, möchte ich hier vorstellen, in 3 Schritten. 1. Sammele jede Menge Daten (vielleicht 10) zu deinen vergangenen Trainingsläufen, insbesondere die, die auch bei "offiziellen" Laufveranstaltungen verwendet werden (Altersklasse, Jahresklasse, Jahrgang, gelaufene Kilometer, gelaufene Zeit) in verschiedenen Disziplinen (Marathon, Halbmarathon, 10 km-Lauf, 5-km-Lauf, Schnupperläufe usw. Alles was dir einfällt. Der Lauf-Los-Topf kann dafür auch verwendet werden) und festgelegte Strecken, die du gelaufen bist. 2. Setze sie in eine Tabelle. Ordne die Ergebnisse nach dem 1. und dem letzten Platz. Dann vergebe dir selbst andere Namen. Du kannst auch Sportlerdaten von anderen Läufern nehmen, an denen du dich messen möchtest. 3. Laufe jetzt weiter und setze deine zukünftigen Läufe zu diesen vergangenen Läufen ins Verhältnis und vergebe dir einen 1. 2 oder 3. Platz usw. Setze diese neuen Ergebnisse immer in die Tabelle ein, an denen du dich in Zukunft weiter messen kannst. In der Schreibwerkstatt kannst du dir dann eine Urkunde ausdrucken oder selbst eine erstellen.

Gefällt euch die Idee? Hast du Streckenideen?

13. Der Judas-Brief – Die Ambivalenz des Zweifels und Glaubens

Sage nicht: "Ich werde kein berühmter Läufer mehr", sondern folgendes: "Ich will ein berühmter Läufer sein, wenn z.B. über mich die "Legende" erzählt wird, wie ich in 80 Tagen um die Welt gelaufen bin." Der letztere Satz ist deutlich besser, der mir gestern bei meinem Samstag-Quarter-Erfolg mit neuen Bestzeiten über 500 Meter, 1 Kilometer, 800 Meter und 15 Kilometer eingefallen ist, wo ich sehr viel Spaß beim Straßen-Intervalllauf hatte. Das ist ganz wichtig. Mich fragen die Leute manchmal, woher ich diese Kraft dieses Projekt aufzubauen, ein Aufbaustudium durchzuziehen oder jede Menge zu rennen. Ich habe sehr viel Spaß an meinem Leben. Dann tue ich etwas, was mir gut tut und nicht unbedingt einem Anderen. Auch in dieser Hinsicht bin ich über den "Zweiflern" erhaben. Die inneren Selbstzweifel lähmen uns, aber mir fiel auch auf, dass wir zweifeln, um angenommen zu werden. Das heißt: Man macht sich klein, um von einem Großen (einem Professor, einem Dozenten, einem Bürgermeister, einem Arzt oder einen anderen Experten) Mitleid zu bekommen, um aufgebaut zu werden. Und das ist, wie ich finde, der falsche Weg. Zielstrebigkeit, Selbstbewusstsein, etwas tun, was einem selbst gut tut, ist viel wichtiger und bringt viel mehr Kraft. De Lebenszeit ist viel zu kurz, um zu zweifeln. Aber ohne Selbstzweifel ist man vermeintlich perfekt. Aber die Selbstzweifel sollten im Innern bleiben. Das war das Thema des ersten Teezimmers überhaupt, wie wird man eine starke Persönlichkeit? Die Stärke nach Außen zeigen ist wichtig, wie ich es mit dem ersten Zitat von mir angedeutet habe oder anders: "Keine falsche Bescheidenheit. Stehe dir nicht selbst im Weg."

Zweifel sind lähmend. Genau diese Kraft daraus, ist auch ein Thema des Judas-Briefes, über den ich im Februar ein Forschungsprojekt startete. Die Ergebnisse sind eher klein, aber doch steckt viel Kraft- und Lebenspotenzial in diesem Brief. Die Gemeinde, an die der Brief adressiert ist, lässt sich nicht mehr vollständig rekonstruieren, aber der Gemeinde sind sogenannte Zweifler begegnet, die das Christentum und den Glauben der Gemeinde in Zweifel zogen. Diese Konfliktlinie zwischen Häresie und Orthodoxie durchzieht den Brief. Über die Zweifler werden dunkle Wolken verkündigt und sie werden mit weiteren schlechten Worten verbunden. Andererseits fordert der Autor des Briefes, sich den Zweiflern anzunehmen und über jedem Zweifel erhaben zu sein. Darin liegt eine Form des Christ-Seins verborgen. Gerade die anderen Zweifler können auch stark machen, weil sie aufgenommen werden. Christ-Sein ist kein Abgehoben-Sein, aber nicht nur das. Es ist auch ein Abgehoben-Sein, ein Anders-Sein. Das steht außer Frage. Notwendigerweise ist das auch so, wenn eine Gruppierung noch klein ist und sich von anderen Gruppierungen abgrenzt und andere Lebenspraktiken praktiziert, die nicht immer mit dem Mainstream übereinstimmen. Aber ich finde, darüber kann man kommunizieren, im Sinne, sich den Zweiflern anzunehmen, sie nicht zu ignorieren, ihnen freundlich zu begegnen, aber gleichzeitig sein Leben zu leben und sein "Ding" zu machen. Zusammenfassung: Der Judas-Brief fordert eine Abgehobenheit über den Zweiflern, aber gleichzeitig auch ihre Annahme. Christ-Sein bedeutet kein Abgehoben-Sein, sondern ein Annehmen des Anderen. Andererseits dürfen uns Zweifel nicht lähmen, die im Weg stehen können und dem Glück.

14. Suizid-Gedanken – Thema der Krisen- und Notfallseelsorge

Der Umgang mit Suizidgedanken ist ein Thema in der (von Spontanität der Krise geprägten) Telefonseelsorge. Ich bin kein Telefonseelsorger, höchstens ein „Buchseelsorger", wenn jemand das hier in einer Selbstkrise liest. Aber die Ausbildung in Seelsorge im Studium ist zunächst eine vornehmlich theoretische (Seelsorge und Psychotherapie, Systemische Seelsorge). Systemische Seelsorge ist ein Teilgebiet der Poimenik (Seelsorgelehre). Sie beschäftigt sich mit den Systemen, mit denen die Gesprächspartner und ihre Gegenüber untereinander vernetzt sind. Rezipiert wird die Systemtheorie des Soziologen Niklas Luhmann dabei, der davon ausgeht, dass der Mensch durch Systeme sozialisiert wird und sich diesen auch nicht unbedingt entziehen kann. Sie wirken auf uns ein. Das gilt nicht nur für den Klienten, sondern auch für denjenigen, der das Gespräch führt und anfängt (z.B. der Pastor). Gesprächsthemen und Gefühle und anderes sind nicht davon losgelöst und nicht von individuellen Entscheidungen entkoppelt, wie das Gespräch geführt wird. Trotzdem scheint es in diesem Punkt richtig zu sein, auch mal sein System zurückzuhalten, um dem anderen System zuzuhören und ihm empathisch zu begegnen. Alles kann zum System werden oder zu einem Teil davon, auch von dir selbst und du bist auch ein System beziehungsweise ein Teil davon. "Lasst alles fort und folgt mir nach. Sandalen, Reichtum, Fischernetze...". In dieser Form fordert Jesus seine Jünger auf, um die Anforderungen an eine Nachfolge zu erfüllen. Das sind aber wohl mehr antike, neutestamentliche Systeme der Umwelt des Neuen Testaments. Was sind das für Systeme heute, die einem "im Weg stehen", um seinen Leben zu leben bzw. vielleicht auch Jesus nachzufolgen (wenn man christlich orientiert ist). Ich denke an alles, was abhängig macht (Zigaretten, Alkohol und anderes). Diese Systeme sind zugleich Stress-Systeme, die belasten können. Aber es ist wohl schwer, sich davon zu lösen, für die meisten Menschen. Das sind "schlechte" Systeme, obwohl das auch eine Deutung ist, da ich von diesen Systemen befreit bin und weiß, dass sie abhängig machen (aus eigener Selbstbeobachtung und Beobachtung von anderen Menschen heraus). Vielleicht sind diese Systeme ja für den ein oder anderen doch gut. Das kann ich nicht beurteilen. Ich fordere dich auf, sich von etwas zu lösen, was dich (auch unbewusst) belastet. Lebe dein wunderschönes Leben! Werde selbst ein starkes System mit deinen Ansichten und Leidenschaften. Doch habe ich selbst schon mit Selbstmordgedanken zu kämpfen gehabt und habe daraus wichtige Dinge für mich und auch (wahrscheinlich) andere gelernt, als eigensinniges Verhältnis von Theorie und (Selbst-)-Praxis. Im Laufe des Lebens wird unsere Seele (durch Beleidigungen, Rückschläge, Verluste von Freunden und Familie) immer vernarbter und trotzdem heilen die Wunden meist wieder aus, aber Narben der Erinnerung bleiben, z.B. durch Erinnerungen an eigene Trauerfälle, die bei anderen Fällen wieder akut werden, aber davon muss auch Abstand genommen werden. Sobald wieder ein Gedanke darüber geht, kommen die Emotionen wieder hoch. Aber Narben sind auch im positiven Sinn zu verstehen. In der Antike galt ein General mit vielen Narben am Körper als tapfer, stark und mutig, als Inspirationsfigur und jemanden, den man nicht so schnell klein kriegt und der vom Kampf (und im übertragenen Sinn vom Leben) abgehärtet ist. Sie sind Erfahrungszeichen. "Erfahrung ist die Summe von Fehlern, die man macht." sagte Arthur Wellesley, der Napoleon bei Waterloo auf Seiten der Engländer 1815 schlug. Der wichtigste Satz überhaupt in einer solchen Krise: Denk nochmal nach! Wirf dein wunderschönes, einziges Leben und seine Möglichkeiten nicht weg. Obwohl es so scheint, das alles im Moment verloren sei. Es ist nur Schein im Moment, der nichts über die Zukunft aussagt. Das Leben ist durch seine Einmaligkeit bestimmt. Es ist unersetzlich. Es gibt kein Zurück, wenn "es" passiert. Dann ist es wichtig, sich an seine Leidenschaften (z.B. Hobbys) zu erinnern, die die persönlichen Glücksgefühle brachten. Auch im Laufsport gibt es die Theorie des Seelsorgelaufes, der die Depressionen und Suizidgedanken löst. Diese Wege verdrängen die Suizidgedanken meist. Hilft das nicht oder kannst du die innere Barriere nicht selbst niederreißen, dann versuche mit einem anderen Freund, einem Spezialisten, einem Familienmitglied (dem du vertraust und den du als empathievoll einschätzt) mündlich darüber zu sprechen (vielleicht am Telefon). Lob, Anerkennung, eine Umarmung, vielleicht sogar Streicheln, können die heilsamen Glücksschauer auch auslösen, sofern du das zulässt. Ein Gespräch kann aber nicht die Hilfe zur Selbsthilfe vollständig ersetzen. Ein Gespräch ist immer ein punktueller Anstoß, an dem du selbst weiterarbeiten (musst), sofern das schon möglich ist. Weiterhin ist eine Konzentration sowohl auf sich selbst als auch auf den Anderen wichtig, dein Gegenüber. Versuche auch deine heilsamen Leidenschaften loszulassen, ohne darauf zu achten, dass der andere sie als nicht geeignet (oder vielleicht kindisch) bezeichnet, zu rational, aus seiner nicht-gefährdeten Perspektive. Denn du weißt aus der Erinnerung heraus, was dir gut tat und gut tut. Das kann dein Gesprächspartner nicht ersetzen, weil er nicht dieselben

Nerven, Gedanken, Erinnerungen und Hormonverbindungen hat. Erinnere dich an eigene Erfolge und die Glücksmomente, die du hattest. Versuche alles, um Glück in dir selbst zu produzieren. Manchmal hilft es sogar, eine Schokolade oder ein Eis zu essen, aber in Maßen. Denn das kann nicht die einzigste Lösung sein. Gut ist auch die Methode des Last-Niederschreibens in einem Tagebuch in Auseinandersetzung mit dem, was das Gegenüber dir gesagt hat. Denn es ist dein Glück, dein wunderschönes Leben, das auf dem Spiel steht, nicht das des Anderen. Und die Glücksgefühle in diesem Leben kommen im Tod nicht wieder. Denke daran, dass nie wieder ein Glücksschauer über deinen Rücken fließen wird, durch einen Erfolg oder Liebe von jemanden oder zu etwas. Zusammenfassend: Denke vor einem „Selbstmordgedanken" einen anderen Glücksgedanken, der die anderen Gedanken verdrängt. Wecke die Leidenschaft in dir, tue dir selbst etwas Gutes und nicht unbedingt etwas, was den Anderen gut tut, denn ihr Leben ist nicht gefährdet. Aber am wichtigsten ist: Spreche diesen Satz zu dir selbst: Wirf dein wunderschönes und einziges Leben nicht weg.

15. Abstand gewinnen – Eine Kernkompetenz theologischer und medizinischer Berufe

Das Theologiestudium kann einen ganz schön an die Grenzen führen. Ich glaube, dass es nur in wenigen Studiengängen (auch Medizin oder Diakonik und Recht) so sehr um Grenz- und Anfangsfragen des menschlichen Lebens geht. Wichtig ist die Gewinnung eines emotionalen Abstandes in der Praxis, der möglicherweise durch die kritische Reflexionsarbeit im Studium erreicht werden kann oder auch um die Herstellung und Einnahme einer eigenen Position zu Tod und Sterben. Ein Studienleiter während eines Gemeindepraktikums meinte auch, dass das Amt die Person tragen kann ("Wenn Sie eine Situation emotional (etwas) belastet, dann suchen Sie sich eine andere Aufgabe. Im Pfarrberuf gibt es da sehr viele Alternativen."), sonst droht der Burnout, aufgrund der vielen emotionalen Eindrücke bei gleichzeitig anderen Aufgaben und hoher Arbeitsleistung (das betrifft nicht nur den Pfarrberuf, sondern auch andere Berufe). Wichtig scheint mir, ein gesundes Maß zu halten, Anteil nehmen (Empathie) und Abstand gewinnen, in Maßen. Laufen kann auch eine Möglichkeit sein, Abstand zu gewinnen und den vollen Kopf frei zu kriegen. Die Vorlesungen zu Eschatologie (die Lehre von den letzten Dingen) in der Systematischen Theologie oder Kasuallehre (die Bestattung ist neben Konfirmation, Taufe oder Hochzeit ein Hauptritus im Pfarrberuf), Bestattungsrecht (jede kirchliche Beerdigung muss rechtlich geordnet beim Kirchenamt angemeldet werden), können ganz schön "unter die Haut gehen", besonders wenn man noch jung ist und sich noch nicht so große Gedanken (angesichts seiner jungen Unsterblichkeit) darum gemacht hat. Und klar: Wie weit darf die Beschäftigung mit dem Tod gehen, um nicht das Leben zu vergessen (Sterbekunst vs. Lebenskunst)? Darüber werde ich aber nochmal schreiben, warum Sterbekunst zur Lebenskunst werden sollte, ohne eins von beiden außen Acht zu lassen. In den Gemeindepraktika musste ich oft bei Beerdigungen hospitieren und schauen, was der Pfarrer "so macht" und wie der Ablauf ist. Und das kann sehr in das Herz gehen, aufgrund des kollektiven Weinens einer Trauergemeinde oder der traurigen Lieder (die traurige Atmosphäre insgesamt) oder die aufgestaute, emotionale Energie im Raum des Übergangs in der Kirche oder am Grab. Abstand wird auch durch das anschließende Trauerkaffee gewonnen. Die Trauernden führen Alltagsgespräche, lachen wieder (werdende Lebenskunst) und empfinden wieder Fröhliches, was vielleicht auch am Zucker im Kuchen und Kaffee liegt, die Muntermacher sind (Zucker ist nicht generell schlecht). Letztendlich ist es auch eine Erfahrungssache im Beruf, dass man ruhiger mit solchen Fällen umgeht oder aber eine eigene Position entwirft. Ich weiß z.B. schon, dass ich im Ganzen bleiben will (das heißt keine Feuerbestattung und besonders keine im Wasser, weil ich einen festen Ort, am liebsten bei meiner Familie, meinen Laufschuhen, haben möchte und nicht in der Weltgeschichte herumtreiben will, nachdem ich mich im Wasser aufgelöst habe). Auch würde ich gerne das Lied "Von guten Mächten wunderbar geborgen" (Dietrich Bonhoeffer) "hören". Schon der Gedanke daran macht mich nicht traurig, sondern glücklich. Warum? Das weiß ich im Moment nicht, wahrscheinlich wird traurige Sterbekunst doch zur fröhlichen Lebenskunst und weil ich noch da bin und es wirklich höre, ohne schon fort zu sein. Vielleicht kannst du dir ja auch Gedanken darum machen, um schon mal ein paar Dinge "vorab" zu klären und das anscheinend gar nichts schlimmes ist. Dann ist die Auferstehung von den Toten (im christlichen Glauben) nur eine von vielen Möglichkeiten und letztlich weiß niemand, was sein wird und kommt und es ist eine Deutungsfrage, die Deutung des Endes oder was Wahrheit ist. Als Pastor steht man besonders in konfessionslosen Gebieten an "Nahtstellen", wo mehrere Vorstellungen vom Ende aufeinander zu laufen und man da vermitteln muss und Offenheit haben (sollte), hinsichtlich der vielen Möglichkeiten von Reinkarnation, Ganztod oder Trennung Leib und Seele usw. Ich setze das "Sollen" und "Müssen" in Klammer. Es ist nur ein Angebot der Reflexion. Aber klar ist, denke ich, die Rückkehr in den Zustand vor dem Leben (Ursuppe) und da ich mich an nichts vor 1995 erinnern kann, glaube ich (im Moment nicht), dass auch danach nichts weiter wirklich kommen wird. Die Auferstehung von den Toten ist ein Hoffnungsaspekt. Wir hoffen als Christen darauf, dass es so kommt, meinte ein Dozent in einer Vorlesung zur Eschatologie als Teilgebiet der Dogmatik. Im Moment jedenfalls glaube ich, dass es so ist, bis ich eines Besseren belehrt werde (aber das Experiment mit dem Gang in den Tod ist ein Tabu-Experiment). Beweisen kann ich es nicht. Niemand kann das. Zusammenfassend: Für das Theologiestudium und den Pfarrberuf ist ein emotionaler Abstand angesichts von Trauerfällen notwendig (sonst Burnout-Gefahr). Dieser Abstand kann durch kritische Reflexion, eine andere Aufgabe oder eine eigene Position dazu erreicht werden.

Fallen dir noch mehr Möglichkeiten ein, Abstand zu gewinnen?

16. Die Macht der Imagination und Fiktion – Eine Chance der Seelsorge

Träume oder überhaupt Transzendentes beziehungsweise Übermenschliches sind menschlich. Der Mensch ist ein Wesen, das dazu fähig ist, transzendent zu denken, sowohl bewusst als auch unbewusst. Träume entstehen im Unterbewusstsein als Mischung und Produkt aus gemachten Erfahrungen, Angst, Begegnungen und anderes. Sie zu unterdrücken hat keinen Sinn, weil sie unbewusst kommen. Ist der Traum intensiv genug und wachst du kurz nach ihm auf, dann ist er meistens noch etwas präsent. Ich habe angefangen, ein Traumtagebuch zu schreiben. Die Impressionen reichen von irrgartlichen Pfarrhäusern im dunklen Wald oder den großen Examensalpträumen, die ich 2017 hatte, als ich z.B. von den Wänden im Klausurraum erdrückt wurde oder der Bischof (Vorsitzender der Prüfungskommission) einen Galgenstrick vor meinen Augen hin und her schwang, kurz vor den mündlichen Prüfungen. Meine Träume seien immer sehr kreativ, wurde mir gesagt, aber wahrscheinlich liegt es darin, dass mein Kopf sich immer sehr viele Eindrücke speichert. Ob ich das nun will oder nicht, kann ich nicht steuern. Das sind aber Nachtträume gewesen, die sich von den Tagträumen in der Form unterscheiden, dass das Bewusstsein nicht vollständig im Traum und Schlaf versunken und immer noch präsent ist und die Eindrücke leichter speicherbar sind. In der Seelsorge geht es darum, einen Menschen ganzheitlich (Körper und Geist) zu betrachten und anzunehmen, wie er ist (in diesem einen Moment, wo man mit ihm spricht). Fantasie und Träume sind auch ein Teil davon. Diese Momentbetrachtung meint auch, die

Entwicklungsfähigkeit (der Träume und des Lebens) anzuerkennen und gleichzeitig darum zu wissen, dass das nur eine Deutung ist. Vielleicht ist derjenige ja schon perfekt oder seine Träume sind gelockert und er ist glücklich mit seinem Leben. Deswegen ist es mir wichtig, immer erst zuzuhören, egal wie (verrückt) der Traum ist. Die Begeisterung des Anderen nicht ignorieren, ihm nicht wehtun. Denn es kann sehr wehtun, wenn jemand sagt: "Du kannst das doch nie erreichen oder dein Traum ist Quatsch." Das unterdrückt die Glücksgefühle sehr. Aber ich denke das liegt oft daran, dass das vorwerfende Gegenüber nicht empathievoll genug ist (darum geht es auch als wichtigen seelsorgerlichen Aspekt) oder mit sich selbst unzufrieden ist. Aber vielleicht hat er ja eine Traumblockade, die erst gelockert werden muss. Empathie meint im wörtlichen Sinn, die Welt mit den Augen des Anderen und aus seiner Welt heraus zu sehen, so gut es geht. Schon allein der Gedanke an einen Traum macht einen (sehr) glücklich und das sehe ich als seelsorgerliche Chance an: Die Macht des Glücks in der Imagination nutzen und nicht unterdrücken und den Einzelnen als ganzheitlichen Menschen akzeptieren, seine Träume, seine Fantasien als Quellen für das eigene Glück zur Sprache bringen, ihnen zuhören.

17. Das Ende als neuer Anfang – Die Tempelzerstörungen in Jerusalem

Markus 13 1 "Und als er aus dem Tempel ging, sprach zu ihm einer der Jünger: "Meister, siehe, was für Steine, was für Bauten!" 2 Und Jesus sprach zu ihm: Siehst du diese großen Bauten? Hier wird nicht ein Stein auf dem anderen bleiben, der nicht zerbrochen werde." In diesem Text kündigt Jesus das baldige oder schon geschehene Ende des Jerusalemer Tempels im Jahre 70 an. Um diese Zeit schreibt auch Markus sein Evangelium. Doch geht es nicht darum, eine Wahrscheinlichkeitsrechnung darüber aufzustellen. Es gibt zu viele Argumente für die Pro-und Contra-Seite, ob Markus schon den Untergang erlebte oder ihn visionierte. Vielmehr interessiert mich dieses Bild. Die Soldaten unter Kaiser Vespasian beziehungsweise seinem Sohn Titus, der später sein Nachfolger wird, stürmen die Stadt, sind wütend, dass so viel Widerstand geleistet wurde, und können von den Kommandanten in ihrer Wut nicht mehr gehalten werden. Der Tempel wird geplündert, überall Fackeln, die die Gardinen und Stoffe in Brand setzen. Es dauert nicht lange, und der gesamte Tempel, inklusive des Allerheiligsten, brennt lichterloh. Jegliche Löschversuche scheitern. Der Tempel brennt bis auf die Grundmauern und die heute noch stehende Klagemauer nieder. ZeitenWende. StundeNull. Es ist aus. Das, was unsere religiöse Identität als Ganzes ausmacht, ist unwiederbringlich zerstört. Die Zerstreuung der Juden beginnt. Wir können nicht mehr bleiben. 587 v. Chr. brannte der Tempel im Zuge der Eroberung durch Nebudkadnezzar II. und der Neubabylonier schon einmal nieder und wurde nach dem Kyrus-Edikt etwa 50 Jahre später wieder aufgebaut. Das Exil der Oberschicht war vorbei. Und jedes Mal, wenn er zerstört und wieder erbaut wurde, erstrahlte er in einem noch größeren Glanz als vorher, im Sinne einer realisierten Chance zum Neudenken und -anfangen. Die Sonne geht nach einer dunklen Nacht am Himmel wieder auf. Diese Erfahrung haben die Menschen auch fast 3000-2000 Jahre später gemacht und jeder für sich selbst auch. Ende des Zweiten Weltkrieges 1945. Berlin am Ende der Schlacht. Japan nach der Atombombe. Die Waffen schweigen. Verzweiflung, Erbitterung, aber auch Hoffnung am wirklichen und gefühlten Ende der Welt. Es gibt eine Möglichkeit dazu, einen Weg zum Nachdenken, eine Befreiung von alten Lasten, Überheblichkeit. Ich hatte im Studium diese Erfahrung, wenn z.B. eine Prüfung nicht gut lief, aber ich dachte nicht an das Aufgeben. Eher versuchte ich die Gutachten zu prüfen, die Fehleranmerkungen, um mich zu verbessern. Im Laufsport sind es wahrscheinlich die Verletzungen, die Erfahrungen, etwas nicht erreicht zu haben, sich nicht für etwas qualifiziert zu haben und so weiter. Mir liegt das Laufen im Blut, es ist ein Teil meiner Identität, ich habe schon so viel erreicht, und jetzt macht mir eine Verletzung einen Strich durch den Rechnung. Was nun? Zeit zum Nachdenken ist gewonnen. Eine Niederlage kann zu einem zukünftigen Sieg werden. Was haben wir falsch gemacht? Was kann ich besser machen? Denke daran, dass ein ZeitenWendeSchnitt zu einem neuen Bestzeitenschnitt führen kann. Der eigene Tempel kann in einem neuen Licht erstrahlen und glänzen. Das Leben bleibt dynamisch, ist nicht starr. Das Exil auf dem Sofa ist vorbei. Ich kann wieder laufen und leben. Meine eigene Identität, mein eigener Tempel, ist wiederhergestellt.

Habt ihr auch solche Lauf(lebens)erfahrungen gemacht?

18. Die entscheidende Szene aus "Quo vadis Graecus?"

Einer meiner Lieblingsszenen und ein entscheidender Wendepunkt im Buch "Quo vadis Graecus?" ist die Neuversammlung des Senates nach den arrangierten Neuwahlen im März 2037 mit den Abgeordneten des Schutzbundes der freien Wirtschaft / der Roten Partei und der in der Mehrheit deutlich sich befindenden Sozialisten beziehungsweise Kommunisten. Georgios Volgin und einige seiner Anhänger sitzen im Zuschauerraum des Senatsplenums in Athen und hören gespannt zu, ob sie die versprochene Regierungsbeteiligung an der Athener Demokratie zugesichert bekommen, und ob ihre Vorschläge zur Reformierung des Staatshaushaltes (Enteignung der Kapitalgesellschaften und der Oberschicht) angenommen werden. Als letzteres vorgeschlagen wird, brechen die Abgeordneten des Schutzbundes in ein tobendes Gelächter aus (aufgrund der fehlenden Umsetzbarkeit), was für die Opposition an Demütigung kaum zu übertreffen war und obwohl sie in der Mehrheit war, sollte eine Minderheitsregierung erzwungen werden, um die Kommunisten von einer Regierungsbeteiligung abzuhalten und sich ein militärisches Komplott gegen sie bildete, um der Bewegung ein Ende zu setzen. Der Spuk war also Anfang 2037 schon fast vorbei und die Kapitalgesellschaften entschieden sich für einen "Neuen Weg", um die angeschlagene Republik zu retten und eine Einheit zwischen Sozial- und Wirtschaftspolitik herzustellen. Zu spät. Volgin ist schon viel zu stark, hat über 2 Millionen Menschen auf seiner Seite und der Hass erreichte jetzt noch weiter seinen Siedepunkt. Die Abgeordneten des linken Flügels verlassen geschlossen den Saal, was das Parlament auflöste, trotz der

Ordnungsrufe - beziehungsweise -schläge mit dem Hammer von Generalsekretär Claudius auf sein Pult. Das geht gründlich schief und ist der Wende- und Entscheidungspunkt im Buch "Quo vadis Graecus?". Ich würde nicht lachen, wenn ersichtlich ist, dass da jemand eine Kraft ist, mit der man rechnen muss. Die Folge ist die Kommunistische Revolution beziehungsweise der Marsch auf Athen bis zur Ernennung Georgios Volgins zum Generalsekretär am 4. April 2037 und der legalisierte Weg in die Diktatur und die Leute, die lachten, hatten nichts mehr zu lachen (u.a. Enteignung und Zerschlagung der Roten Partei, Enteignung der Kapitalgesellschaften). Innerhalb von einem Jahr gelingt es Volgin, die Republik faktisch in einen Einparteienstaat zu verwandeln. Ein Monat nach der Demütigung reichte, beziehungsweise ein Gelächter. Am 2. April schließt sich der Großteil des Militärs Volgin an, sodass er nicht mehr aufzuhalten war. Volgin war selbst 18 Jahre alt. Seine Anhänger sind nicht viel älter. Es ist teilweise nachvollziehbar, ihn nicht ernst zu nehmen. Doch ich würde da vorsichtig sein. Volgin hätte aufgehalten werden können, wenn man schneller reagiert hätte. Das gilt auch für andere Demagogen.[43]

---

43 Darüber habe ich ein Lesungsvideo gemacht.

19. Ein paar Schreibhilfen

Im Predigtseminar gab es so genannte "Textwerkstätten". Wir sollten lernen, Texte auf dem Weg zur Predigt als Bausteine selbst zu verfassen. Dabei wurde mir klar, dass es sich beim Schreiben von Texten um einen Lernprozess handelt, der besonders von der Selbstkorrektur von Fehlern, die der Professor anmerkt hat, lebt. Erfahrung hilft dem Unerfahrenen. Im Studium Generale besuchte ich eine Vorlesung über Kommunikations- und Medienwissenschaften, weil diese bei der Predigtlehre mit rezipiert wird, z.B. die Lasswell-Formel, die sich an den W-Fragen der Kommunikation orientiert. Bei Texten kann man einiges falsch machen, wenn sie z.B. nicht kontextualisiert werden beziehungsweise du nicht überlegst, wie dein imaginäres Gegenüber darauf reagieren könnte. Textproduktion ist ein Risikogeschäft. Ganz klar. Und man lernt aus den Rückmeldungen von Anderen, wobei nicht jede Rückmeldung kritisch-konstruktiv sein muss. Überprüfe die Kritik des Anderen, ob sie selbst kontextualisiert ist. Die Texte mussten immer an den Dozenten weiter geleitet werden. Erst ganz am Schluss erfuhren wir den Predigttext. Predigten werden mit verschiedenen Methoden geschrieben. Es gibt dramaturgische Predigtlehren, die einen Predigttext und den Ablauf eines Gottesdienstes als eine Art "Theater" mit verschiedenen Szenen und einem Gesamtentwurf, der alle Szenen bindet, versteht. Es gibt die Homilie, das heißt, eine Predigt, die zwischen Text und Lebenswelt hin und her changiert. Es gibt die semiotische Homiletik, eine Predigt, die mithilfe von Zeichen und Auredits (versteckte Aussagen, über die der Hörer im Nachgang nach dem Gottesdienst weiter nachdenken soll beziehungsweise kann), interpretationsoffen gestaltet wird. Das kann auch für die Textproduktion überhaupt sinnvoll genutzt werden. Hier auf dem Literathon habe ich als Teil des "Laufens mit Mehrwert" das Laufschreiben beziehungsweise flanierende Laufen vorgestellt. Schreiben in Bewegung, Eindrücke von der Umgebung festhalten, oder dass sich z.B. ein Bibeltext eine Situation sucht oder umgedreht. Predigten sind heute nicht länger als 15 Minuten beziehungsweise (sollten) das nicht sein. Auch, dass das Teezimmer und die anderen Videos eine Länge von 15 Minuten nicht überschreiten dürfen, aufgrund einer YouTube-Regel, untermauert diesen Charakter der Reduktion, der auch gut ist. Man muss sich eingrenzen, seine Gedanken, seine Überlegungen, sie auf das Wesentliche reduzieren. Gleichzeitig können dadurch auch mehr einzelne Videos erstellt werden, also auch mehr "Werbefläche" und Eintrittsmöglichkeiten in die virtuelle Stadt entstehen und ein höherer Traffic für alle Seiten und ihre Unterseiten erreicht werden, anders als wenn man jetzt alles in ein Video packt. Die Aufmerksamkeitsfähigkeit ist durch viele "Ablenkungen" immer geringer geworden. Vor 100 Jahre konnte eine Predigt noch über eine Stunde dauern. Die Predigten, die ich von Dietrich Bonhoeffer gelesen habe, waren vom Umfang her doppelt so lang, wie die Predigten, die ich im Theologiestudium schreiben musste. Die Regel war im Seminar eine Textlänge von 2-3 A4-Seiten, nicht mehr, auch dann beim Predigtentwurf, wo man seine Textproduktion begründen musste. Daraus resultieren ein paar Tipps zum Schreiben: 1. Aussagen kontextualisieren. Versuche dich in dein imaginäres Gegenüber beziehungsweise deinen Hörer- und Leserkreis empathisch rein zu finden. Was würden sie empfinden, wenn du das schreibst, was du schreibst? Ist das schlecht oder gut? Denk bevor du schreibst, um es kurz zu sagen. 2. In der Kürze liegt die Würze. Die heutige, durchhaltbare, lineare Aufmerksamkeit gegenüber medialen Texten liegt ungefähr bei 10-15 Minuten. Nutze dies aus. Du sparst dir auch Arbeit und bringst Sachen konkret auf den Punkt beziehungsweise wirst dazu "gezwungen" das so zu machen. 3. Ermahne und belehre nicht, versuche eher über "Nachdenkzeichen" jemanden zum Nachdenken anzuregen. 4. Schreibe bunt und von vielen Seiten her. Adjektive und Verben bringen einen Text in Bewegung und machen ihn farbenfroher. Substantive, Genitive und Partizipien verwissenschaftlichen einen Text mehr. Achte dabei auf deinen Hörerkreis. In einer Kirchengemeinde hast du es meistens mit Leuten zu tun, die keine wissenschaftliche Ausbildung haben oder diese schon lange Jahre zurückliegt oder nicht theologisch oder geisteswissenschaftlich war. 5. Lerne von Fehlern und Anmerkungen, aber stehe ihnen auch nicht unkritisch gegenüber. Sie müssen genau so kontextualisiert und kritisch-konstruktiv sein, was sie selbst bei dir erreichen "möchten". Auch nicht alle Hausarbeiten schreibst du nach dem linearem Schema: Frage - Hauptteil - Quellenkritik - Ergebnis usw. Ein Predigt- und ein Unterrichtsentwurf entstehen in einer Zirkelbewegung innerhalb des didaktischen beziehungsweise homiletischen Dreiecks (Prediger-Ich/Lehrer - Sache - Publikum/Schüler/Lebenswelt). Du analysierst eine Unterrichtseinheit oder einen Predigttext erst mal nach diesen Fragen: Was bedeutet das für mich? Ist mir das Thema schon mal begegnet? Dann legst du einen Bibeltext aus oder fragst dich: Was muss ich als Lehrkraft oder Prediger über das Thema wissen, um die Unterrichtseinheit oder die Predigt gut zu halten? Dann beziehst du dein Publikum und ihre gemutmaßte Lebenswelt ein, die dich natürlich auch betrifft und reduzierst die vorher analysierten Aspekte darauf: Was ist das Wesentliche und Plausible für die Hörer und Schüler, damit es ein Aha-Erlebnis für diese gibt (didaktische und homiletische Reduktion)? Dein GedankenZirkel wandert immer von einem Kapitel zum anderen und zurück, bis du den Entwurf so perfektioniert und bündelst, dass es nicht mehr anders gesagt werden kann oder deine vorherigen Gedanken selbst kritisch siehst (z.B. aufgrund von Betriebsblindheit gegenüber dem Fehlerteufel im Detail). Ein ähnliches Prinzip gilt für Hausarbeiten, nur dort ist es mehr ein lineares Konzept aus Quellen und Sekundärliteratur, die jeweils in den Abschnitten reflektiert und anhand eines Über-Themas und einer Fragestellung kontextualisiert und abgeglichen werden, woraus sich dann eine Beantwortung und ein Fazit am Ende ergeben. Der Literathon funktioniert auf dieselbe Weise, wie ein Predigt-Entwurf. Es gibt eine äußere Zirkelbewegung (draußen: Laufen mit Mehrwert, innen: literarisches Teezimmer, Vernetzung mit anderen Websites), deren Ideen und Ergebnisse die Kreativwerkstadt durch Aha-Erlebnisse beim Laufen und durch die Sport-Geist-frei-Formel weiter aufbauen. Die innere Zirkelbewegung behandelt sowohl die Verbesserung der Artikel, die untereinander thematisch vernetzt werden, aufgrund der Ergebnisse der äußeren Zirkelbewegung und dem weiteren Aufbau der einzelnen Rubriken. Die Lebenswelt der Hörer wird durch die Kommentarfunktion einbezogen oder wenn jetzt unter diesen zusammenfassenden Texten "weiße Seiten der Offenheit" eingefügt werden, damit der Leser das Buch für sich weiterschreiben kann oder vielleicht auch selbst ein Buch daraus entwickeln möchte. Dasselbe tue auch ich. Ich verwende meine Texte auch immer gerne wieder oder greife mit ihnen neue Aspekte auf. Ich werde die Artikel, die schon vorhanden sind, auch immer weiter verbessern und mit neuen Ideen anreichern, die sich aus der Gedankenzirkelbewegung und der kritischen Reflexion ergeben.

Fallen dir noch weitere Schreibtipps ein?

20. Eine kurze Buchbesprechung zu "Pax Apocalypsis"[44]

Im Dezember 2007 fing dieses Projekt an, das mich immer mehr in seinen Bann zog - der Kommunismus und die Fiktion beziehungsweise Utopie von einem griechischen Staat (die Griechische Kommunistische Republik) in naher, fiktiver Zukunft. Das Buch wurde nach vier Jahren Arbeit fertig. Jetzt wo ich das Buch überarbeite, "Quo vadis Graecus? Das Ende der Republik Griechenland 2035-2037", fasziniert es mich erneut und überhaupt die Ideen, die mein Kopf produziert, ohne dass das mir manchmal bewusst ist. Aber darum soll es jetzt nicht gehen. Denn es geht um eine kritische Kommentierung dieses Werks, das auch in der Fiktion sehr vielen Menschen Leid zufügt. Der erste Entwurf ist eine Utopie, dem eine Dysutopie (Negativwelt) als Gegenentwurf folgt. Am Ende dieses Staates (die sogenannte spätkommunistische Phase von 2070-2107) wird dieser durch eine Wirtschaftskrise und einem Volksaufstand zunehmend bedroht und die Regierung unter Georgios Volgin plant auf einer geheimen Parteikonferenz 2101 die vollständige Auslöschung der Aufständischen - die so formulierte "Operation Reinrot". Zuerst sollte die Nahrungsversorgung unterbunden werden. Interessant fand ich meine Feststellung, dass die DDR-Regierung (der "Geheimplan Honneckers") aufgrund der Erfahrungen mit dem Volksaufstand von 1953, der auch blutig niedergeschlagen wurde, und zur Vermeidung eines weiteren Aufstandes, einen ähnlichen Plan verfolgte. Menschen, die der Opposition

---

44 Das ist der dritte Teil der Griechen-Trilogie neben "Quo vadis Graecus?" und "Genesis Graecia" und behandelt die Auseinandersetzung mit der fiktiven Geschichtesschreibung und eines Augenzeugenberichtes des Staatssekretärs des Inneren Jonathan, der Quellen und Texte und Tagebücher über die Zeit der Regentschaft Georgios Volgins zusammenstellt.

angehörten, wurden nach verschiedenen "Härtegraden" katalogisiert und im Falle eines Aufstandes, sollten diese Menschen interniert werden, in Beobachtungslagern. Die Dokumente und Akten wurden aber im Zuge der Wende 1989/90 weitestgehend vernichtet (in Feuchtreißern), damit sie nicht mehr als Beweismittel entziffert werden konnten. Doch der Plan Volgin geht an dieser Stelle noch weiter. Zu einer "Wende" in Griechenland kommt es nicht. Im Abschnitt über die geheime Parteikonferenz von 2101 beschreibe ich die Eindrücke des Staatssekretärs des Inneren Jonathan in Athen, der bei der Konferenz anwesend ist und es selbst nicht fassen kann, was da beschlossen wird, wie auch viele andere Teilnehmer. Als der Aufstand schon längst erstickt ist, machen die Kampftruppen Volgins immer noch Jagd auf Menschen. Im Zuge der „Operation Reinrot" sterben etwa 2 Millionen Menschen. Als der Demokratische Bund (das Osmanische und Sumerische Nachbarreich) auf dieses Menschheitsverbrechen aufmerksam wird, kommt es 2104 zum Krieg, in dem Griechenland besetzt wird, Volgin 2106 Selbstmord begeht und die Parteiführung der herrschenden Kommunistischen Partei 2107 verhaftet wird, sowie mehrere Bedienstete der Ministerien und Leiter der Folterlager, die dem auf der Parteikonferenz gegründeten Ausschuss zur Wiederherstellung der öffentlichen Ordnung angehörten. Das 2. Athener Welttribunal der UNO 2108 verurteilt die Hälfte der Angeklagten und die Köpfe des Regimes (insgesamt 28) wegen Kriegsverbrechen, Verschwörung und Verbrechen gegen die Menschlichkeit zum Tode durch den Strang, vier werden frei gesprochen, die restlichen bekommen mehrjährige Gefängnisstrafen. Als ich dieses Kapitel schrieb, war ich selbst erleichtert. Die Namen der drei Hauptangeklagten, die als erste zum Galgen (in aller

Öffentlichkeit zwischen zwei Bildschirmen mit Bildmaterial über die Verbrechen des Regimes) geführt wurden, und ihre letzten Worte: Maximus, letzter Generalsekretär der GKR von 2106-2107, 1. Parteisekretär und Stellvertreter Volgins, früherer Außenminister und Minister für "besondere Aufgaben" - Strafe: Tod durch den Strang, Letzte Worte: "Es tut mir leid, was ich tat. Ich habe es verdient." Clemens, 2. Parteisekretär und Chef der Kommunistischen Staatssicherheit (KommuSTASI) und Leiter der Kampftruppen sowie der Spezialeinheiten (Leibgarde Volgins) - Strafe: Tod durch den Strang, Letzte Worte: "Ich bereue nichts. Ich habe meinem Land treu gedient und nicht alles war schlecht." Christoros, Minister für Wirtschaft und Verteidigung, Mitglied der Parteiführung der KP und des Ausschusses. Strafe: Tod durch den Strang, Letzte Worte: Er starb schweigend. Meine Romanfiguren haben ihre gerechte Strafe erhalten.

21. Die nostalgische Differenz – Ideal und Wirklichkeit

Eine Jahresdifferenz von 20-30 Jahren rechtfertigt schon den Ausdruck "Nostalgie", aber mehr, wie ich finde, sollte es nicht sein. Doch heute ist der wissenschaftliche und technologische Fortschritt so schnell und rasant, dass etwas, was gestern noch neu war, heute und morgen wieder alt ist. In einer Vorlesung über Wirtschaftsphilosophie sah ich einmal ein Diagramm, das einen Zusammenhang zwischen Zeit und der Anzahl der Erfindungen in dieser aufzeigte und das besonders im 19. - 21. Jahrhundert die Kurve steil nach oben geht. In den Jahrhunderten davor stagnierte diese Anzahl der Erfindungen auf einem konstanten Niveau. Und in YouTube-Kommentaren zu alten Zeichentrickfilmen lese und spüre ich immer so eine Art "nostalgische Trauer" über die "gute, alte Zeit in den Kindertagen", wie auch bei alten Computerspielen (z.B. Oblivion von 2006), das Leben in der schönen, eigenen Welt, fernab von Stress, Druck, der auch dadurch ausgelöst wird, dass Menschen sich manchmal gegenseitig bedrücken. Wenn der eine Druck verspürt, dann wird dieser Druck weiter gespiegelt. In gewisser Hinsicht stimmt das. Aber ich denke heute z.B. kritischer über diese Zeit nach, die auch etwas Lebenszeitverschwendung war. Man muss immer beide Seiten betrachten, die subjektive und die andere. Aber: Holt sie euch doch zurück, die Zeit! Ich spiele manchmal immer noch Gothic 3, um mich etwas zu entspannen und in fremde Welten einzutauchen, auch um Forschungsanknüpfungen zu haben (z.B theologische Dimensionen, Götterwelten in Computerspielen, wie z.B. das Paradies von Mankar Camoran). Es gibt sogar eine praktisch-theologische Dissertation zum Thema "Die transzendalen Dimensionen in Super-Mario-Bros" und als ich diese entdeckte, da war mir dann klar, es ist egal, was wichtig ist und was nicht. Trotzdem hat mich das Thema stutzig gemacht. Und darüber werde ich nochmal nachdenken. Für die Kreativideen auf dem Literathon ist das auch eine wichtige Grundsatzdebatte: Die Frage nach dem Sinn des Sinnlosen. Aber insgesamt: Es gibt immer einen Weg. Hauptsache du hast Spaß. Trauere nicht der Nostalgie nach, sondern vergegenwärtige sie dir wieder! Z.B. durch alte Computerspiele spielen, Ballspiele usw. Aber so gut war diese vergangene Zeit auch nicht. Ich hörte z.B., dass die Welt in den (hoch gehuldigten) Anfängen der 1980er Jahre durch die UdSSR unmittelbar vor dem Atomkrieg stand, und damit vor ihrem Abgrund, und ich wäre niemals auf die Welt gekommen, sowie alle weiteren Generationen. Aber trotzdem wird mit der vergangenen Zeit etwas Gutes verbunden. Vielleicht ist das Gute zu stark und verblendet den Blick auf das Gesamte. Anfang der 1990er hat es nach der Wiedervereinigung "Kaffeefahrten" im Osten gegeben, in denen den Leuten auch viel Unsinn angedreht wurde. Aber vielleicht bietet die Nostalgie auch Möglichkeiten dazu, das Neue zu kritisieren. Das Klingeln eines Wählscheibentelefons z.B. Die Welt hat trotzdem funktioniert. Wie? Das fragen sich viele, denke ich. Zusammenfassung: Der Begriff der Nostalgie verschiebt sich, beziehungsweise die Differenz zwischen Vergangenheit und Gegenwart, die dieser Begriff wie ein Brücke überspannt. Was früher 30 Jahre gebraucht hat, um nostalgisch zu werden, bedarf heute nur noch 5-10 Jahre. Damit ist eine "nostalgische Trauer" verbunden, über die "gute, alte Zeit", die lieber etwas mehr kritisch betrachtet werden sollte (als Gesamtbild). Aber trotzdem: Holt euch die Zeit zurück, wenn es euch glücklich macht und seid nicht traurig, das sie vergangen ist.

Was tust du, um die Vergangenheit dir wieder zu vergegenwärtigen? Siehst du diese auch kritisch?

22. Macht und Ohnmacht – Ein ambivalentes und aufeinander aufbauendes Verhältnis

"Der Genuss der absoluten Macht zerstört das Gute im Menschen." so lautet mein Beginnzitat in der ersten Fassung vom Buch "Quo vadis Graecus?" von 2011. Und tatsächlich: Macht ist verführerisch, besonders dann, wenn sie nicht kritisch beurteilt wird, durch den, der Macht hat und durch den, über den Macht ausgeübt wird. Macht bedeutet, die Fähigkeit zu haben, jemanden zu steuern, mit seinen eigenen Intentionen. Verbunden ist das auch mit einer Ohnmacht, der Machtlosigkeit, sowohl vom demjenigen, der beherrscht wird und (nicht) herrschen kann als auch demjenigen, der herrscht. In der Gefängnisseelsorge wird die Theorie dieses Macht- und Ohnmachtverhältnisses von Strafgefangenen rezipiert. Sie werden deshalb straffällig, als einer von vielen Gründen, weil sie in der Kindheit oder überhaupt in der Vergangenheit Ohnmachtserfahrung durch häusliche Gewalt der Eltern, Mobbing oder Gewalt von Fremden erlitten haben. Dieses hat Auswirkungen auf die Psyche, die in der Folge und Steigerung dieser Fälle, mit Ohnmacht belastet wird. Folgen können Gedanken, wie Rache, Angst, Depression, Negativ-Emotion, sein. Diese Fälle verbleiben auch im Gedächtnis. Mir fällt auf, dass wenn eine Erinnerung beziehungsweise ein Ereignis sehr stark, sehr eindrücklich ist, dann verbleibt dies auch meist für immer im Gedächtnis. Unwiderruflich. Unser Kopf scheint an dieser Stelle dem Vergessen eine Grenze zu setzen, was nicht immer gut ist. Es bildet sich ein Gewaltteufelskreis. Die Erfahrung von Ohnmacht und der Verbleib dieser im Gedächtnis führt zu den Straftaten der Gefangenen, als ein möglicher Grund für diese. Macht ist auch ansteckend. Eine Ohnmacht ist nicht immer unbedingt vorauszusetzen. Bei dem literarischen Beispiel Georgios Volgin waren es die Erfahrungen durch Mobbing von Mitschülern, obwohl er in der Schule als brillianter Rhetoriker und hochbegabt galt. Schon mit 14 Jahren entwickelte er die Grundzüge des Volginismus und beschäftigte sich im Geheimen mit Staatstheorie und Geschichte, da er sonst als verschlossen und introvertiert galt, was sich dann aufgrund seiner Ohnmachtserfahrungen änderte. Die Ohnmacht der Wirtschaft Griechenland, der "Hass" auf die Kapitalgesellschaften (die unkontrollierte, freie Marktwirtschaft), die Empathie für die Unterschicht, seine eigene Ohnmacht, seine Unterschätzung, das man über ihn gelacht hat, führten zur Macht und zu seinem schnellen Aufstieg. Mit seinem Charisma und seiner Energie dadurch, konnte er viele Menschen elektrisieren und manipulieren, auch um ihr eigenes Machtstreben zu entdecken. Und das wurde zur Gefahr für die Demokratie und die Republik Griechenland. Dasselbe gilt auch für andere Diktatoren und Demagogen. Doch was kann man dagegen tun? Ich sage nur: Kritikfähigkeit. Glaubt nicht alles, was ihr hört. Stellt Fragen. Redet dazwischen. Tut etwas Gutes. Denn "für den Triumph des Bösen reicht es, wenn die Guten nichts tun." (Edmund Burke). Zusammenfassung: Macht und Ohnmacht in der Vergangenheit sind untrennbar miteinander verbunden. Sie sind eine gefährliche Mischung, wenn sie nicht kritisch vom Subjekt selbst beurteilt werden oder von dem Subjekt, über das Macht ausgeübt wird.

23. Chancen der universellen Liebe

In Berlin lebt z.B. die Hälfte aller Menschen ohne Partner (Stand 2016). In der Stadt fällt so etwas nicht auf, anders als auf dem Land. "Ersatzbeziehungen" gibt es wohl viele, angesichts einer größer werdenden Single-Gesellschaft oder der fließenden Grenzen zwischen den sexuellen Neigungen, die darauf zurückgehen, in welcher sozialen Umwelt wie und wir in der Kindheit geprägt worden sind (z.B. durch Tiqs). Es gibt in der Katholischen Kirche den Kuss des Evangeliums, sobald es im Gottesdienst gelesen wurde. Versuche mal etwas zu küssen, was du liebst. Das kann alles Mögliche sein und du wirst merken, wie dir ein kalter, schöner, warmer Schauer über den Rücken fließt, der total entspannend wirkt (Universalität des Kuss- und Liebesgefühls), auch gegenüber "heiligen" Dingen, wie der Anblick einer Kirche oder der Besuch eines Gottesdienstes. Das zeigt zumindest, dass unser Körper bei den Glücksgefühlen nicht unterscheidet, was wir lieben. Das ist aber nur eine These. Wahrscheinlich empfindet das nicht jeder so. Aber der Sexualwissenschaftler Volkmar Sigusch hat das in seinem Buch von der Sexualität und ihren 99 Spielweisen sehr gut deutlich gemacht.[45] Er ist etwas schwierig zu lesen, aber der Grundtenor ist doch eine Universalität der Liebe und des sexuellen Gefühls und das jeder Mensch dazu in der Lage ist. Ein interessantes Beispiel, was die Vegetarier und Veganer betrifft, sind veganophile Menschen. Ich sah einmal eine Doku über objektophile Menschen, Menschen, die zu Gegenständen eine sexuelle Beziehung haben und hier war das Beispiel eines Paares, die eine gemeinsame Beziehung zum Gemüse und Obst haben und sich darüber freuen, wenn sie Gemüse zubereiten, essen

---

45 Sigusch, Fragmente, 9.

und den Geschmack genießen, lächeln und sich über den Geschmack freuen. Es gibt wohl keine festen Kategorien, wie Homo- und Heterosexualität, sondern vielmehr Mischformen der jeweiligen Leidenschaften und Weisen der Liebe. In der Antike gab es diese Kategorien nicht, die es erst seit dem 19. Jahrhundert gibt, und ich habe einmal ein Buch gelesen (der Untergang von Pompeji), in dem der Autor sehr detailliert über das geschrieben hat, was so in einem römischen Bordell abgegangen ist (ob er da eine authentische Quelle verwendet hat, weiß ich nicht) und ich denke, man kann es unter dem Stichwort: Hemmungslosigkeit jenseits der Geschlechter, beschreiben. Aber wie entsteht so etwas oder überhaupt solche Neigungen und "Exzesse"? Wahrscheinlich durch die Triebfähigkeit des Menschen, die zwischen Über-Ich und Ich changiert (Sigmund Freud). Das Über-Ich, die gesellschaftlichen Konventionen oder Angst vor Schuld und Strafe z.B., bremsen die Triebe ab und wirken auf das gegenwärtige Ich. Aber das heißt nicht, dass der Trieb damit besänftigt sei. Geht das Über-Ich zu weit, kann das auch schädlich sein, im Sinne einer Blockierung der Glücksgefühle, die den Stress kompensieren, oder immer das zu tun, was die Gesellschaft oder die Konvention von einem erwarten. Der Prediger Referend Scott sagte, dass wir selbst für unser Leben verantwortlich sind und nicht Gott, da Gott sehr beschäftigt ist und er einen langfristigen Plan hat, der über unsere Begriffswelt hinaus geht. Wir sind es die verantwortlich sind und Leben weiter geben und Hoffnung, entweder durch die Kinder oder einem Beitrag, den jeder Mensch sonst der Menschheit leistet. Und das zeigt doch oder bietet zumindest einen Raum, seine Leidenschaften auf eine andere Art zu entfalten und andere daran Anteil haben zu lassen. Ich finde, dass die Universalität der Liebe für

Menschen, die vermeintlich alleine leben, eine große Kraft und Stärkung sein kann. Denn die Glücksgefühle überströmen den Körper und kompensieren den Stress. Aber das sollte auch nur so weit gehen, dass der Blick für das Wesentliche nicht verloren geht (z.B. die Arbeit, die Freunde, die sozialen Kontakte). Aber es ist auch eine Möglichkeit, eine produktive Leidenschaft als Gewinn für die Welt zu entwickeln. Das Ego-Ego ist das konsequent auf sich selbst bezogene Ich und das ständig Futter für sich selbst braucht, angesichts von möglichen Minderwertigkeitskomplexen, die Stress und Unzufriedenheit auslösen, was unbedingt aufgehoben werden muss. Zwar wird der Stress und die Unzufriedenheit punktuell aufgehoben, aber eben nur zeitweise. Es hat keine dauerhafte Wirkung, die Nahrung für das Ego-Ego. Eine Aufgabe der Philosophie ist es, bestehende Dinge und Überzeugungen in dieser Welt anzuzweifeln und auch von Illusionen zu befreien und vielleicht eigene Illusionen zu erzeugen, obwohl es nicht immer cool für das Bestehende und das eigene Ego ist, auch nicht des Anderen. Wann bist du Futter fürs Ego? Schwer zu sagen. Das kann wohl nur jeder für sich selbst sagen. Ich würde einen Menschen ermuntern, seinen Leidenschaften bedingungslos zu folgen und sie nicht zu unterdrücken. Das Glücks-Ego ist dagegen das selbst auf sich bezogene Glück durch Andere (Subjekte wie Objekte) und mit Anderen, das heißt was meine Leidenschaften und mein Glück (nicht aufgrund von Minderwertigkeitskomplexen und Stress und als vorübergehendem Ausgleich von diesen) bedingungslos empfängt. Das Glück wird ungebremst gelöst und du lächelst wieder mehr, hüpfst vielleicht sogar im Raum umher. Dann ist dein Glück geweckt. Deine Minderwertigkeitskomplexe sind besiegt. Hast du dich jemals gefragt, warum berühmte

Musiker lautstark, schnell und mit einem Lächeln auf dem Gesicht sehr viel Energie besitzen? Sie sind mit voller Leidenschaft für ihr Glücks-Ego dabei, denke ich, das ihnen genug Energie gibt, Tourneen und anderes zu machen, ohne zu erschöpfen. Versuche dein Glücks-Ego zu wecken, gegen das Ego-Ego, das nur Stress auslöst und ständig Futter braucht. Das Glücks-Ego versorgt dich nachhaltig mit Energie, weil du etwas tust, was dir gut tut und nicht dem Anderen, um mit ihm und der Erfüllung seiner Ansprüche dein Ego-Ego zu füttern. Neid wird oft als Gift in zwischenmenschlichen Beziehungen bezeichnet, weil er die Glücksgefühle im Körper stört, auf das selbst stolz zu sein, was man schon erreicht hat. Er löst Stress aus: Ich muss unbedingt das erreichen, was der andere hat. Warum habe ich nicht das, was der Andere hat? Dieses innere Fragen löst die Stresshormone sowohl als auch aus. Und dann ist Neid Gift für den Körper als auch für die Persönlichkeit. Und doch stand schon in den 10 Geboten: Du sollst nicht begehren deines nächsten Haus usw. Neid hat etwas mit Begehren und Lust zu tun, um das zu erreichen, was der Andere hat und ich (vermeintlich) nicht. Neid ist aber ein Augenblicksmoment, der nichts über die Zukunft aussagt. Denn du kannst das erreichen, was auch der Andere hat. Die 10 Gebote sollen das Leben untereinander erhalten und die Gottesbeziehung sichern. Das kann der Neid auch, indem er positiv verstanden wird und zwar als Ansporn, sein Glück zu suchen und die Stresshormone zu verdrängen. Wichtig ist dabei auch eine konsequente Selbstzufriedenheit gegenüber dem, was ich erreicht habe und erreichen möchte. Das ist sowohl eine Sache der eigenen Einstellung (sich locker machen, vielleicht durch die Glücksgefühle beim Laufen) als auch der (auch materiellen) Dinge, die die Selbstzufriedenheit erzeugen. Das kann z.B. darüber funktionieren, für etwas zu "brennen", eine Leidenschaft, ein Hobby, das du auslebst, was den Stress automatisch verbrennt. Den Neid als *gift* verstehen, was im Englischen für Geschenk oder Gabe steht, vielleicht deine Begabung zu wecken. Ich bin der Meinung, dass jeder Mensch hochbegabt oder ein Vielbegabter ist, aber das bedarf gewisser Anstrengung und besonders einem Zulassen seiner (produktiven) Leidenschaft. Walt Disney sagte einmal (und wir haben im Teezimmer auch mal darüber gesprochen): "Wenn du dir etwas erträumen kannst, dann kann es auch wahr werden." Neid hat etwas mit Träumen zu tun und die sind nicht unbedingt schädlich und sollten es auch nicht sein. Sie sind ein Geschenk, ein unbewusstes im Unterbewusstsein, besonders im Schlaf, was einfach so kommt, ohne dass du vorher weißt, was du vorher träumst. Versuche den Neid als Chance zu verstehen, deine Begabungen zu wecken und dich auf das zu konzentrieren, was du kannst. Und dann ist er kein Gift mehr, sondern ein gift in der Zukunft. Und in der Fiktion wird sämtlicher Neid überwunden, da immer das erreicht werden kann, was vermeintlich neidisch macht, denke ich.

24. Versuche mit der vegetarischen Ernährung

Ich glaube, dass 2018 der fünfte Anlauf seit 2012 anlief, eine rein vegetarische Lebensweise zu führen, die aber schon als Kind begann, als ich mich als Sechsjähriger 1998 vor Fisch geekelt habe. Seitdem habe ich, aus meiner Erinnerung heraus, keinen Fisch mehr gegessen, aber nicht aus ethischen Gründen, sondern eher aus egoistischen beziehungsweise geschmacklichen. Jetzt funktioniert es schon (wieder) seit einem halben Jahr, das Vegetarier-Sein.[46] Damals wusste ich noch gar nicht, was Vegetarier sind. Erst im Studium und als ich mit dem Laufsport neben dem Karate-Club angefangen habe, fing das an, der Verzicht auf Fleisch, um fit und schlank zu bleiben. Aber nicht auf Milch, Eier und so weiter, da einem sonst die wichtigen B-Vitamine fehlen und ich auch nicht sicher bin, woher die Supplemente kommen, die Veganer zu sich nehmen und diese vielleicht nicht wissen, dass sie auch wieder Tieren entnommen worden sind oder industriell produziert worden sind. Außerdem ist alles relativ. Es gibt immer mal wieder versteckte tierische Produkte in Lebensmitteln. Deswegen betrachte ich solche Lebensweisen (meine inklusive) eher als

---

46 Ich habe meine vegetarische Lebensweise nach einem schlimmen Eisenmangel, den ich nicht mehr ausgleichen konnte, im Sommer 2019 endgültig aufgegeben. Die Gedanken zur vegetarischen und veganen Ernährung in diesem Band beziehen sich auf eine vorherige Situation. Da ich davon überzeugt bin, dass ethische Entscheidungen keine absoluten, sondern abwägende Entscheidung sind, auch dem Wohlbefinden des Konsumenten selbst gegenüber, und manche Tiere "getötet" oder eingesperrt werden müssen, um das ökologische Gleichgewicht herzustellen und andere Tiere zu schützen, würde ich mich eher als "Flexitarier" bezeichnen. Die Ethik authentischer Freiheit bewegt sich in einem Grundpunkt zwischen "Abwägung" und "Absolutheit" innerhalb des Spannungsfeldes von Ethik und Anti-Ethik.

99%-Idealgestalten, die man nie vollständig erfüllen kann. Der Versuch aber, sich so gut es geht an eine Lebensweise anzunähern, um Leben zu schützen, das unterstreiche ich vollkommen. Als mein Nymphensittich-Weibchen 2017 an Legenot starb (es geschah in der Nacht, da konnte ich ihr nicht mehr helfen), glaubte ich nicht mehr daran, dass ein Verzicht auf Eier Leben rettet, oder zumindest nicht uneingeschränkt. Sie wurde immerhin 15 Jahre alt und hatte ein schönes Leben. Außerdem müssen manche Tiere, die jetzt nicht in freier Wildbahn aufgewachsen sind und mit der "Realität" nicht umgehen können, auch wieder geschützt werden. Diese Tierart legt Eier dann, wenn die Umweltbedingungen (Luftfeuchtigkeit, Wärme, Sonnenlicht) stimmen und nicht aufgrund einer künstlichen Befruchtung, wie sie in den Massentierbetrieben betrieben wird, um Milch und Eier von den Tieren zu "erzwingen". Und das heißt ja nicht, dass das auf anderen Bauernhöfen genauso zugeht. Lieber esse ich die Eier auf und trinke die Milch (in Maßen, da mir die Laktose nicht so gut bekommt), als dass ein Tier daran stirbt. Außerdem ist die Milch wieder wichtig, dass sich die Art weiterentwickeln und erhalten kann. Ohne Eier, keine Küken. Ohne Milch, kein Wachstum der noch kleinen Tiere. Ohne das gibt es kein Leben und ich möchte mit meinem Leben anderen so wenig Schaden wie möglich zufügen, auch mir gegenüber, da Körper und Seele doch zwei verschiedene Dinge sind. Wenn jemand Veganer ist, aber z.B. trotzdem eine Schnecke im schnellen Vorbeigehen zertritt und tötet, dann verstehe ich das nicht, und verdeutlicht eine hinkende Argumentationsstruktur innerhalb dieser Lebensweise. Auf der einen Seite möchte ich Leben schützen. Auf der anderen Seite töte ich trotzdem. Aber ich möchte ehrlich sein. Ich bin, was das betrifft, keine Ausnahme. Eine Lebensweise kann immer nur eine Idealgestalt sein. Aber anstatt daran zu verzweifeln, sollte man sich seinen Standpunkt (wie hier) klar machen und so gut es geht danach leben. Vielleicht die Milch, den Käse und die Eier nur von einem "guten" Bauernhof kaufen oder Kleidung ohne verwendete tierische Ressourcen. Zusammenfassend: Ob eine Lebensweise funktionieren kann, muss ich selbst auch als Vorbild anderen gegenüber beweisen. Wenn ich daran sterbe oder jemand anderes, dann funktioniert sie wohl nicht (uneingeschränkt) und ist mehr als eine Sterbensweise zu verstehen.

Habt ihr schon mal auf etwas verzichtet? Ist das Vegetarier-Sein eine Möglichkeit, Leben zu schützen?

25. Den Sommer in das eigene Zimmer im Winter holen

Als ich vorhin von meinem Regenlauf zurückkam, hatte ich eine tolle Idee. Nein, sie ist nicht wirklich neu. Es ist etwas, was ich ganz gerne mache, auch ohne vorher gelaufen zu sein und nach einem langen Tag in den festen, unbequemen Kleidern. Zunächst gehe ich warm und heiß duschen und dann ziehe ich nach dem Abtrocknen sommerliche Sachen an. Die Heizung und die Wandisolierung ist in meinem Heimzimmer sehr gut. Ein T-Shirt, eine kurze Hose und Sandalen. Ich fühle mich in diesen Sachen sehr wohl und leicht. Bei der Raumtemperatur kannst du das gefahrlos machen. Dann hole ich mir einen kalten Smoothie (meistens Grünkohl mit Kiwi) und trinke ihn, während ich auf einer selbstgemachten Liege liege und ein Buch lese. Dann denke ich mir die Sonne dazu, in Form einer hellen Lampe, und ein paar Bilder mit Palmen und Strand. Dann setze ich den Kopfhörer auf, verbinde ihn mit meinem Laptop, und höre Musik mit Meeresrauschen, Waldgeräuschen oder Wind. Und dann setzen die Glücksgefühle ein, das heißt, der kalte warme Schauer, der über den Rücken fließt und ich lächele wieder. Dadurch kann ich vom Alltag abschalten und Ruhe finden. Ich fertige mal eine Liste an. Diese kann ja noch erweitert werden. Zusammenfassend:

1. Habe einen harten Tag oder einen langen Lauf (Das ist schon wichtig. Es muss einen Grund zum Abschalten geben). 2. Gehe warm und heiß duschen. 3. Ziehe dir sommerliche Sachen an. 4. Bastel dir eine Liege aus Kissen oder hole dir, wenn möglich, eine aus der Garage. 5. Trinke was leckeres. Es muss nicht unbedingt ein Smoothie sein (auch wenn sie megalecker sind!). 6. Höre "sommerliche" Musik, also Meditationsmusik, mit Meeresrauschen z.B. 7. Genieße es!

Wie kann man noch den Sommer in seine Wohnung holen?

26. Das eigene und fremde Zentrum

"Die Hölle, das sind die Anderen." ist ein Kernsatz in der Philosophie Jean-Paul Sartres, die insbesondere in dem Aufsatz "Der Existenzialismus ist ein Humanismus"[47] aus den 1950er Jahren verdichtet wird. Grundsätzlich geht Sartre davon aus, dass die Existenz der Essenz vorausgeht oder anders: Der Mensch und sein Leben schafft seine Zukunft selbst. Er ist aber kein Übermensch, der irgendwann an einen Punkt gerät, wo er sich nicht mehr weiterentwickeln kann beziehungsweise möchte. Er ist ein Entwicklungswesen. Und das ohne Gott. Sartre ist Atheist und für ihn ist der Mensch der Schöpfer, der sich selbst schafft. Und trotzdem ist der Mensch abhängig von anderen Leben, um überhaupt zu leben und zu entstehen. Aber das ist ein menschliches Werk. Wenn der Mensch sich nun selbst schaffen kann, dann macht er sich selbst zu seinem eigenen Zentrum: Ich bin ich. Und die anderen können Störfaktoren sein, z.B. Vertreter traditioneller Werte, die einen "auf Linie" bringen wollen. Das ist mit diesem Satz "Die Hölle, das sind die Anderen." gemeint. Durch den Bezug auf sich selbst, entstehen Reibeflächen mit den Anderen, die vielleicht nicht dieselbe Lebensauffassung wie du haben und ein fremdes Zentrum sind. Oder du bekommst Angst, weil dein Zentrum noch nicht so groß ist, wie das der Anderen, z.B. gewachsene LebensLäufe, Erfolge und so weiter. Aber mein Vorschlag an dieser Stelle ist: Mache dich selbst zum starken Zentrum und blende die anderen Zentren (manchmal) ab. Bei einer Laufveranstaltung oder einem Wettbewerb konzentriere dich auf deinen Schwung, deine Atmung, dein regelmäßiges Trinken, der Blick in die Natur, habe Spaß am schnellen

---

47 Sartre, Existenzialismus, 23.

Laufen, genieße es, laufe mit allen deinen Sinnen. Vergiss die Anderen dabei. Lauf an ihnen vorbei, wenn du schneller bist, aber helfe, wenn einer Hilfe braucht, z.B. wenn er aus gesundheitlichen Gründen den Lauf abbrechen muss. So gewinnst du auch einen Laufmehrwert. Aber wenn das nicht der Fall ist, dann konzentriere dich auf dein Zentrum. Lass die anderen "Zentren" langsamer laufen, die langsam laufen. Lass die "Zentren" schneller laufen, die schneller laufen. Wer weiß, ob sie in der nächsten Runde genauso schnell beziehungsweise genauso langsam laufen. Alles ist relativ, auch die Bestzeit, die am Ende heraus kommt. Die Konzentration auf mein Zentrum und meinen Lauf lässt mich persönlich schneller werden. "Die Hölle, das sind die Anderen"? Ja, aber nur, wenn du den Blick auf sie wendest. Lass den Blick auf dir, das macht dich führungsstark. Der mögliche Neid beziehungsweise ein Angriff des fremden Zentrums führt dann ins Nichts. Führungsstärke kann in diesem Punkt auch Managern helfen, sich durchzusetzen, indem sie das durchsetzen und tun, was sie selbst vertreten und das dann auch so sagen.

Stimmt ihr Sartre zu? Ist der Bezug auf sich selbst eine Möglichkeit, führungsstark zu werden?

27. Selbst-Krisenmanagement und Tipps zum wissenschaftlichen Arbeiten

Eine Krise ist immer ein Moment und kein dauerhafter und darf es auch nicht werden, eben weil schnell reagiert und gleichzeitig ein kühler Kopf bewahrt wird und werden sollte, also z.b. keine unüberlegten Handlungen aus dem Affekt heraus, das heißt aus dem ersten Schock. Das bringt möglicherweise noch mehr Probleme, weil die Kontexte und Konsequenzen der eigenen Handlungen unbeachtet bleiben. Im Studium und besonders in Berufen, die Führungsverantwortung haben, bist du meist auf dich alleine gestellt und rechenschaftspflichtig gegenüber deinen Entscheidungen. Das gilt z.B. für den Lehrer- als auch für den Pfarrberuf. Beim Letzteren triffst du die Entscheidungen meist alleine, die im Kirchengemeinderat dann abgestimmt werden. Im Studium steht die Ausbildung (besonders auf der Master-Ebene) der Leitungsfähigkeit insofern im Mittelpunkt, dass du lernst, eigene wissenschaftliche Projekte aufzubauen und das Wissen des Bachelor- beziehungsweise Grundstudiumwissens auf neue, eigene Sachverhalte und Fragen anwendest und selbst Gliederungen entwirfst. Das funktioniert dann immer gut, wenn der Dozent und Prüfer erkennt, dass du ihm deine Ideen mit wissenschaftlichen Methoden gut rüber bringst. Es ist eine Art Verhandlungssache, besonders bei einer mündlichen Prüfung. Wenn es nicht gut läuft, dann stellt sich (meist) ein eigenes Krisenmanagement ein. Bei einer schlechten Note hilft es, die Gutachten zu prüfen, mit den Dozenten zu sprechen, um es bei der nächsten Prüfung besser zu machen. Wichtig ist dabei nicht nur ein kühler Kopf, sondern auch ein lernfähiger beziehungsweise lernwilliger. Arroganz und Verbissenheit ist fehl am Platz. Krisenmanagement wird aber dann besonders unangenehm, wenn trotz des Strebens nach Sicherheit (so viel Mühe und Arbeit in eine Prüfung) alles zusammenbricht. Aber selbst dann: Steh auf! Nicht alles, was du geschaffen hast, ist falsch. Das war bei mir auch im Studium so, als der Professor die positiven Sachen nannte, die mich aufbauten und mich nicht zum Aufgeben brachten. Hier ein paar Tipps zum erfolgreichen Studieren (nicht nur einer Geisteswissenschaft): 1. Entwickele eine eigene Fragestellung (Wer-Wie-Was-Was-Warum-Kontexte) und Gliederung aus ein paar vorher gelesenen Büchern zum Thema, wofür deine Leidenschaft brennt 2. Spreche diese Fragestellung und die Gliederung mit dem Dozenten ab und nehme seine Tipps ernst. 3. Entwickele ständige Kritikfähigkeit (das heißt, glaube nicht alles, was du liest und belege das mit einer Quelle) und notiere das dann (das gibt Pluspunkte) und prüfe die Aussagen einzelner Forscher und wiege sie gegeneinander ab und komme zu einem eigenen Urteil. 4. Versuche etwas Eigenes zu entwickeln (eine Grafik z.B.) und verbinde die Theorie mit praktischen Zusammenhängen. 5. Reduziere die verschiedenen Ebenen der Forschungsmeinungen und Inhalte auf das Wesentliche, z.B. füttere einen Satz mit konkreten Worten, um etwas so zu sagen, was nicht mehr anders gesagt werden kann. 6. Stelle Transparenz her, also korrekte Fußnoten, Literaturangaben. 7. Bewahre bei einer Krise einen kühlen Kopf und gebe nicht auf (Fehler- und Frustrationstoleranz). Dazu noch ein paar Grundkonstanten wissenschaftlichen Arbeitens. 1. Denke neologistisch! - Neue Wortverbindungen erfinden (die z.B. Google noch nicht kennt). Neologismus ist eine Grundkonstante wissenschaftlichen Arbeitens. Es bedeutet neue Wörter zu erfinden, aus alten, z.B. durch Wortneuverbindungen, die einen neuen Zusammenhang bilden. Fehlerpädagogik - Die Erziehung zum Fehler-Machen, um daraus zu lernen. 2. Entwickele eine Fragestellung, die dich interessiert! Oder mit der du praktische Erfahrungen gesammelt hast. 3. Suche Literatur in einer Buchhandlung, in einer Stadtbibliothek vor Ort! Die Behauptung einer Dozentin, dass man nach der Universitätszeit niemals wieder die Zeit haben wird, sich echtes Expertenwissen anzueignen, verneine ich, oder das die "gute, alte Uni-Zeit" nie wieder kommt. Das grenzt an akademischen Elitarismus im Elfenbeinturm. Das eigene, virtuelle Forschungszentrum des Literathons ist dafür auch ein gutes Gegenbeispiel, dass jeder ein Professer, Dozent und Student hier sein kann, um diese Behauptung zu überwinden. Diese Tipps gelten nicht nur für das Studium, sondern auch für ein erfolgreiches Leben (aus meiner Sicht). Wichtig scheint es, in einer Krise einen kühlen Kopf zu bewahren und sie als Chance der eigenen Weiterentwicklung (unverbissen) anzuerkennen. Wenn jemand sagt: "Das schaffst du nicht oder das interessiert mich nicht, was du sagst." dann ist das nicht unbedingt eine ernst gemeinte Aussage, sondern ein (grenzwertiger) Versuch zu sagen: "Komm doch mal aus dir heraus und entfalte dich." Aber darin liegt die Schwierigkeit. Dein Gegenüber weiß nicht unbedingt darum, dass du weißt, dass es dich aus der Reserve locken will. Wenn das so ist, dann kann das auch schnell die Gesprächssituation und die zwischenmenschliche Beziehung vergiften, was wir schon mal im Artikel über die Macht der Imagination und der Träume für das eigene Glück besprachen und wie verletzend es sein kann, wenn jemand sagt: "Dein Traum ist Quatsch." Aber vielleicht ist das eben auch ein Versuch, jemanden aus der Reserve zu locken, ohne gleich zu denken, dass das Gegenüber nicht empathievoll genug ist. Aber die

Unwissenheit darum kann dafür sorgen, dass dieser Versuch nach hinten los geht und die Vertrauensbeziehung beziehungsweise der erste Eindruck misslingt und in Unzufriedenheit, Unmut und Traurigkeit mündet. In der Pädagogik gibt es eine solche Grundformel (nur durch fordern auch fördern), die mehr Leistung und bessere Noten produzieren soll, was aber nicht unbedingt der Fall ist, wenn der Schüler sich überfordert fühlt und dadurch Stress und Druck entsteht. Das führt eher zum Gegenteil, dass seine Leidenschaften und die Glücksgefühle im Kopf gebremst werden. Es gibt auch die Situation, dass ein Gegenüber jemanden so aus der Reserve locken will, indem er diesen mit seiner Leidenschaft erdrücken will und vielleicht nicht darüber nachdenkt, was er gerade in der Gesprächssituation sagt. Das Reden über seine Leidenschaft kann sich zu einem Flow, einen Gesprächsfluss entwickeln, der das Gegenüber vielleicht im anderen Sinn des Wortes "ertränkt". Eine mögliche Lösung dafür ist das Bremsen seiner eigenen Leidenschaften, um die Leidenschaft des Anderen zu wecken, indem er z.B. Fragen stellen oder an einem Projekt partizipieren kann (Angebot machen), seinen eigenen Leidenschaften zuhören, wozu es einen Raum der Gesprächsstille und der -pause bedarf. In diesem Sinne macht ein Herausfordern, um zu fördern (ob nun aktiv oder passiv), nicht unbedingt Sinn, sondern sollte im wahrsten Sinne des Wortes inklusiv verstanden werden (jemanden bedingungslos integrieren). Eine Grundfrage, die ich mir dabei gerne stelle: Muss ich mir etwas sagen oder mich bewerten lassen? Alles ist Deutung. Macht bedeutet Einfluss auf die Handlungen eines Gegenübers zu nehmen, mit der Grundlage der Intention desjenigen, der Machtanspruch hat. Reflexion ist ein Spiegelvorgang mit Bezug auf den anderen.

Warum handelt derjenige so? Mit welcher Hypothese? Also eine stark wissenschaftliche Kategorie. Jemand soll etwas tun, was ich will. Doch Macht ist nicht nur auf die Handlung beschränkt, sondern auch auf die Bewertung.

Fallen dir noch weitere Tipps und Gedanken ein?

28. Das Prinzip der didaktischen Gleichheit – Ein pädagogisches Konzept

Im Unterrichtsseminar für das Fach Religion wurde ich zum ersten Mal damit konfrontiert, als der Professor sagte: "Wenn Sie überprüfen wollen, ob Ihre Lerngruppe, Ihren Stoff und die Lernziele des Unterrichtsentwurfs verstanden haben, geben Sie ihr eine Note." Das hat mich besorgt: Ich soll jemand anderes bewerten? Mein Ich und mit welcher Autorität oder Deutungsgrundlage? Was Noten angeht, bin ich der Meinung, dass sie nur wenig über den Menschen aussagen und immer von Kontexten abhängig sind, z.B. unterschiedliche Ansprüche der Lehrer, ganz gleich ob es einen einheitlichen Lehrplan gibt. Und dann bin ich der Meinung, dass ein Lehrer immer auch Teil der Welt ist, über die er reflektiert. Er steht nicht darüber, da er auch immer bewertet wird. Über jemanden zu reflektieren, erfordert Mut und Sachkenntnis. Aber vielleicht wird diese Angst davor etwas abgeschwächt, wenn ich davon ausgehe, dass meine Reflexion auch nur eine Deutung unter vielen ist. Ich biete diese Deutung einem anderen an. Dieser muss sie nicht annehmen, ich auch nicht, wenn ein Anderer mich bewertet. "Wenn du ein Lehrer werden willst, musst du dir gegenüber auch ein Schüler sein. Wenn du ein Schüler bist, versuche dir gegenüber ein Lehrer zu sein. Aber nicht nur von dir aus gesehen, sondern auch von der realen Person und deinem Gegenüber." ist ein Prinzip in meinem pädagogischen Denken. Es gibt in der religionspädagogischen beziehungsweise katechetischen (Konfirmandenunterricht) Diskussion den kritischen Begriff des "pastoralen Klerikalismus". Das bedeutet, dass z.B. der Pfarrer oder eine andere theologische Fachkraft "vermeintlich" immer alles besser weiß, als ein Konfirmand oder ein Religionsschüler.

Aber: Der Priester ist immer auch Laie, der Laie immer auch Priester. So würde es Martin Luther aus der Sichtweise des "Christentums aller Getauften" nennen. Es gibt keinen höheren Weihstand (Klerus), der über den Nicht-Geweihten steht. Hier ist es im bildhaften Sinn, das Mehr-Wissen als der Andere, was sich selbst durch das Wissen des Anderen möglicherweise wieder aufhebt. Der Konfirmand kann, wie Jesus im Tempel (Lk 2, 41ff.), auch die "Pastoren" beziehungsweise die Pharisäer und Sadduzäer prüfen, ob das, was sie sagen, richtig ist, und das für das eigene Leben Weitergebende auch wirklich plausibel und anschaulich für einen selbst ist. Das bedeutet nicht, dass der Pfarrer immer "dumm" und der Schüler immer "schlau" ist. Im Gegenteil. Die theologische Fachkraft ist dann wieder wichtig, wenn Gedanken auf die "schiefe Bahn" geraten sind und etwas richtig gestellt werden muss. Es ist ein Wechselspiel von Wissen, Gegen-Wissen und Mehr-Wissen und ich kann als Lehrer an der Lebenswelt der Schüler teilhaben, um Anknüpfungspunkte für meinen eigenen Unterricht zu haben. Ich habe dieses Gesetz, der Lehrer hat immer Recht, im Studium immer kritischer gesehen. Viel wichtiger scheint mir zu sein, die Hilfestellungen eines Lehrers wie ein Lehrer mir selbst gegenüber kritisch zu sehen und nicht immer ohne eigene Kritik das zu lernen, was eine Respektperson von mir erwartet, mit dem Ziel der eigenen Selbstmündigkeit. Einen Mund haben - etwas mit eigenen Worten sagen können. Wobei eigene Worte wieder von den Gedanken des Lehrers stammen können. Aber in einem zweiten eigenen Schritt "berichtigt" werden sollen. Wie habe ich das verstanden? Passt das zu meiner Lebensauffassung? Der Erziehungswissenschaftler Wolfgang Klafki hat in den 1970er Jahren einen Aufsatz zum Thema der pädagogischen

Gleichheit geschrieben.[48] Sie geht davon aus, dass jeder Schüler zugleich ein Lehrer ist und jeder Lehrer zugleich ein Schüler für den jeweils anderen ist. Das hat mich beeindruckt und mich fast schon ermündigt, auch andere dafür zu begeistern. Er hat den Unterricht demokratisch und am Schüler orientiert gehalten. Dabei war das Ziel, dass jeder Schüler selbstmündig wird und den Unterricht mitgestalten kann. Didaktische Gleichheit meint daher auch, Vielredner und Ehrgeizige zu bremsen und ruhige Schüler aus ihrer Introvertiertheit zu locken. Jeder hat das Recht auf eine Wortmeldung im Unterricht, kann sich äußern oder anders: "Was du weißt, das kann auch der Andere wissen." Zusammenfassend: Didaktische Gleichheit (die Lehre von der Unterweisung) meint eine unterrichtsgestaltende Gleichheit zwischen Lehrer und Schüler. Jeder Schüler ist zugleich Lehrer und jeder Lehrer ist zugleich Schüler. Aus diesem Wechselspiel entstehen Möglichkeiten zur Unterrichtsgestaltung, der Selbstbildung und zur Mündigkeit beider Seiten.

Macht es Sinn, einen Schüler wie einen Lehrer zu behandeln? Wo sind die Grenzen? Was können Chancen und Risiken dieser Lesart sein?

---

48 Klafki, Verhältnis, 58 u. 63.

29. Eine Sache des Vertrauens – Die Vertrauenskultur in Deutschland

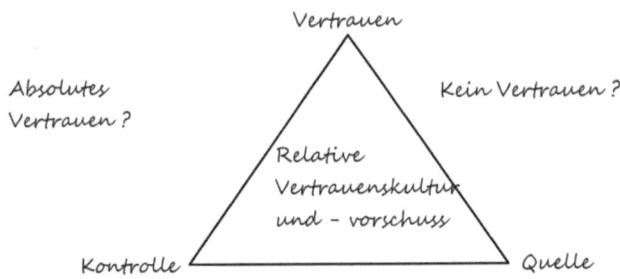

Der Literathon lebt in erster Linie von der Vertrauenskultur, die in Deutschland und in weiteren liberal-demokratischen Staaten Gang und Gäbe ist. Sie besagt, dass jedes Individuum als jeweiliges Gegenüber einen gewissen Vertrauensvorschuss erhält beziehungsweise durch diese Instanzen bekommt. Das Vertrauen kann dann z.B. durch die Bürokratie und andere Quellen gestützt werden. Das ist auch ein Vorteil eines bürokratischen Apparats. Ich vertraue, dass die Leute meinen Texten und Urkunden auf dem Literathon glauben, versuche sie aber gleichzeitig zu verifizieren, um sie zu bewahrheiten, als Kontrollinstanz meiner selbst, die ich auch selbst bin oder zumindest meine Laufuhr oder ein anderes Messgerät. Es gibt immer die Möglichkeit etwas nachzuweisen, dass ich auch die Wahrheit gesagt habe, um das mir schon entgegengebrachte Vertrauen nicht zu enttäuschen. Denn das kann Konsequenzen für die Zukunft haben, durch die Erinnerung des Gegenübers in die

Vergangenheit als eine Art verborgene oder mündliche Quelle. Diese Vergangenheit kann eine Quelle des Vertrauens- und Nichtvertrauens sein, über die eine Kontrollinstanz (du selbst, der Staat, das Gesetz, das Gegenüber) entscheidet, ob die Spitze, das Vertrauen selbst, erreicht wird, das Ziel einer Vertrauensbeziehung. Es ist aber ein Prozess, der immer wieder ausgehandelt wird, mit immer verschiedenen, individuellen Kontexten, die über die Menge des Vertrauens entscheiden. Aber Fakt ist sicher, damit dieses Dreieck (s.o.) überhaupt funktioniert, muss zunächst ein Grundvertrauen in Form eines (zunächst abgeminderten) absoluten Vertrauens vorhanden sein, das sich zu einem relativen entwickelt oder auch nicht (Kontrollinstanz: "Ich vertraue dir nicht! Deine "Bewerbungsunterlagen" sind als Quelle nicht ausreichend."). Was kann man dagegen tun? Vielleicht es nochmal mit einer anderen, besseren Quelle versuchen, um die Vertrauensbeziehung zu etablieren und zu unterstützen. Hier auf dem Literathon wird das wechselseitige Vertrauen z.B. durch die Datenschutzerklärung, den Bildnachweisen usw. unterstützt, um die Daten Anderer beziehungsweise ihr Vertrauen sorgfältig zu stützen und nicht zu missbrauchen. Das Vertrauen kann auch scheitern, was der Kontingenz und dem Schicksal unterliegt, vielleicht sogar durch Gott oder etwas Gottalternatives aufgefangen wird (?). Das kann z.B. der Sozialstaat sein, der auch (ein absolutes) Vertrauen schenken kann, wenn Vertrauen enttäuscht wurde, von anderen Instanzen. Nicht-Vertrauen kann daher auf ein Gegen-Vertrauen treffen, um sich wechselseitig auszugleichen. Aber selbst das absolute Vertrauen (das durch das Grundgesetz gestützt wird) ist nicht ewig, wenn z.B. die Quellen (Steuernachweise etc.) nicht ausreichend für die Kontrollinstanz sind, um Vertrauen und damit einen

Gewinn für das Gegenüber zu ermöglichen. Das kann dann auch zur Vertrauensstrafe führen, die durch Geld (im Sinne der Tallionsformel, um eine Schuld auszugleichen - Auge um Auge, Zahn um Zahn) wiederhergestellt wird, obwohl es vermutlich in einer Akte festgeschrieben wird und damit in der Erinnerung besser verbleibt als bei einem im Kopf, es sei denn der Vertrauensbruch ist eindrücklich genug. Aber grundsätzlich gibt es trotzdem immer noch ein Vertrauen, zunächst durch die immerwährende Chance, die gegeben werden muss, aufgrund der Menschenwürde und zweitens aufgrund des Vergessens des Gegenübers. Besonders an einem Scherztag, wie der 1. April kann dieses Grundvertrauen und die Vertrauenskultur Schaden oder auch nicht Schaden nehmen. Denn gerade an einem 1. April zeigt sich, dass die Vertrauenskultur funktioniert, sonst würde der Tag seine Bedeutung und die Scherze ihre Wirkung verlieren. Das Vertrauen darauf, dass ein Fehler im Sinne eines Tun-Ergehen-Zusammenhanges behoben wird und der "Gott" gnädig gestimmt wird, verbleibt letztendlich. Das kannst auch du selbst sein, dessen Vertrauen enttäuscht und wiederhergestellt werden soll, z.B. durch eine Quelle (wie ein Wiedergutmachungsgeschenk). Zusammenfassung: Es gibt kein absolutes Vertrauen, aber es gibt auch kein Kein-Vertrauen in einer Vertrauenskultur wie in Deutschland. Beides ist notwendig, damit die Gesellschaft durch den jeweiligen Vertrauensvorschuss funktioniert. Trotzdem: Vertrauen ist gut, Kontrolle ist besser. Die Kontrolle geschieht durch Quellen, wie z.B. bürokratische Quellen und Schriftstücke als Nachweise.

30. Ungewöhnliche Schreibmotivationen – Schreiben und Laufen

Diese Motivationsform ist möglich, wenn du einen Schrittzähler, eine Laufuhr oder etwas anderes hast, was deine täglichen Schritte zählt. Ich kam auf die Idee, nachdem ich schon längere Zeit die Vor-Idee hatte, immer 10000 Schritte pro Tag zu laufen, zu gehen, zu wandern, zu flanieren und so weiter, um dem Körper eine Abwechslung zu geben und auch die Empfehlungen von Gesundheitsministerien und Krankenkassen für den täglichen und wöchentlichen Bewegungsbedarf zu erfüllen. Das funktionierte aber nicht immer beziehungsweise immer nur vereinzelt und unregelmäßig, sodass ich nach einer weiteren Motivation suchte, um die Laufmotivation zu unterstützen. Daraus ergab sich die Problemfrage: Wie kann ich mich gleichzeitig zum Laufen und zum Schreiben motivieren, also den Aktivitäten, die die freiberufliche Tätigkeit von mir wesentlich bestimmen und prägen, ohne dass ich mich erstens langweile und zweitens nicht überfordere? Ich habe mich für einen Mittelweg entschieden, mit dem ich pro Tag viel erreichen kann, ohne dass ich die Lust am Laufen und Schreiben verliere. Ich habe mir persönlich vorgenommen, immer so viel an meinen Büchern zu schreiben, wie ich Schritte pro Tag laufe. Das ist aber der Minimalwert. Der Maximalwert sind 10000 Schritte beziehungsweise 10000 Zeichen, damit ich mich gleichzeitig nicht unterfordere, wenn ich auf mehr und bessere Ideen komme und dort weiteren Spielraum habe. Außerdem kann ich dieses Konzept mit meiner etwas "sonnigen" Art gewinnbringend verknüpfen. Wenn ich etwas Neues und Schönes entdecke oder lese oder mein Körper sich für etwas begeistert, dann passiert es schnell, dass ich anfange im Raum umher zu hüpfen, sodass wieder neue Schritte beziehungsweise Zeichen auf meiner Laufuhr aufgezeichnet werden. Die 10000 Schritte beziehungsweise Zeichen sind dabei ein Maximal- oder eher Optimalwert, um mich nicht zu überfordern oder Angst zu haben, meinen Erwartungen oder anderen Erwartungen entsprechen oder nicht entsprechen zu müssen. Diese Idee kannst du dir auch zunutze machen, wenn du z.B. ein Schriftsteller und Läufer bist. Außerdem motiviert diese Idee dazu, nicht den gesamten Tag am Schreibtisch zu sitzen und sich nicht zu bewegen. Das ist auch nicht gut für die Gesundheit und den Bewegungsapparat beziehungsweise den Rücken, der nicht der gesamten Tag über den Schreibtisch und Laptop gekrümmt sein muss und es dadurch auch zu Haltungsschäden kommen kann. Wichtig ist auch, dass diese Motivationsidee "nur" ein Angebot ist, aber auch nicht weniger als das. Das heißt: Es soll auch ein Ansporn sein, sich zu bilden, zu schreiben und sich körperlich zu betätigen. Es ist kein Zwang, das so zu tun. Außerdem werden mir wahrscheinlich noch weitere Motivationsideen einfallen, die leichter oder schwerer für den jeweiligen Schreibercharakter umzusetzen sind. Also ist eine individuelle Wahl zwischen den unterschiedlichen Formen möglich. Aber es ist auch ein Laufen mit Mehrwert als Teil des Konzepts insgesamt. Du kannst den Maximalwert auch individuell für dich bestimmen, also vielleicht nur 5000 Zeichen oder Schritte, um "anzufangen" und sich später weiter zu steigern, wenn die Motivation zum Schreiben und gleichzeitigem Laufen größer wird. Ein Beispiel: Ich habe in diesem Moment (15:05 Uhr, am 7. Februar 2020) 2563 Schritte auf meiner Laufuhr angezeigt. Das heißt, ich werde heute mindestens 2563 (in diesem Moment!) Zeichen schreiben, inklusive dieses Artikels hier. Bis heute Abend oder heute Nacht kann sich das ja noch ändern. Die Uhr schaltet um 0 Uhr um Mitternacht wieder auf 0 Schritte bzw. 0 Kalorien zurück (diese können auch als "Zeichenvorgeber" fungieren oder als "Wortvorgeber", da weniger Kalorien verbraucht als Schritte gelaufen werden), sodass das Spiel morgen wieder von vorne beginnt. Oder du kannst natürlich auch 10000 Wörter pro Tag schreiben (oder dich an den wenigeren Kalorien orientieren). Mir wäre das zu viel und kaum umsetzbar. Das ist auch abhängig vom jeweiligen, "begabten" Schreibcharakter. Wichtig ist auch die Regelmäßigkeit und Routine beim Schreiben, die mit dieser Motivation unterstützt und angeleitet werden soll, um auch mehr daraus zu machen. Überforderung führt eher zum Gegenteil und zur Nicht-Motivation, weiter zu schreiben. Entscheidend ist nicht die einzige Menge an einem Tag, sondern jeden Tag eine regelmäßige Menge zu schreiben. Diese Tipps geben auch andere Schriftsteller. Dadurch entstehen die großen Romane, nach langer Zeit. Bei Worten wird die Zeichenzahl wieder größer, wenn du plötzlich auf ein anderes System "umschalten" möchtest. Das würde gleichzeitig bedeuten, dass du wieder mehr laufen und dich bewegen musst. An dieser Stelle kommt diese Schreib- und Laufmotivation wieder an seine Grenzen und fördert wieder die Demotivation. Entscheidend ist daher, dass das richtige Maß für einen selbst gefunden wird. Ich persönlich habe mein richtiges Maß mit dem jeweiligen Maximal- und Minimalwert im Moment gefunden und bin hochmotiviert. Es gibt viel zu tun! Aber trotzdem bleibt Zeit zum Laufen und zum Pause machen. Oft ist es auch besser weniger zu schreiben, um eine höhere Qualität (und unter Umständen auch eine höhere Zeichenzahl durch Korrekturen zu bekommen und mehr Lust am Laufen zu bekommen). Ich erinnere mich an ein Buch von einer Schriftstellerin, die Panikattacken bekam, weil sie den Erwartungen von anderen Menschen als Autorin nicht entsprechen konnte. Diesem versuche ich entgegen zu wirken. Aber es ist ein Angebot. Das muss jeder für sich selbst als plausibel verstehen. Der Aufsatz hat demnach auch einen offenen Charakter. Maximal sind 10000 Schritte beziehungsweise Zeichen für mich im Moment möglich, auch am heutigen Tag. Sollte ich auf eine längere Lauftour gehen, zählen diese Zeichen auch nur bis 10000, da sich natürlich mehr Schritte und Zeichen auf längeren Lauftouren ergeben oder umgedreht, wenn ich mehr schreibe, so muss ich auch mehr laufen. Aber "Müssen" ist das falsche Wort. Es ist eher ein "Können". Gerade eben habe ich (vor Freude) wieder 2577 Schritte auf dem "Tacho". Aber ich habe mein Minimum mit diesem Artikel schon erreicht beziehungsweise sogar überschritten. Ich müsste also mehr laufen, um wieder schreiben zu können. Das ist eben die Gegenbewegung im wahrsten Sinne des Wortes, die genauso nützlich ist. Der Artikel hat im Moment etwa 4200 Zeichen, also fehlen noch fast 2000 Schritte. Also los! Und ich höre jetzt auf mit dem Schreiben, da ich sonst noch mehr laufen muss. Es sind 6662 Zeichen im Moment und auch jetzt sind es wieder mehr...auch jetzt...und jetzt... Ich habe mein Tagespensum also fast geschafft. Gleichzeitig führt ein Anstieg der Schritte pro Tag, die man geht oder läuft auch zu einer Art Selbst-Wettbewerb durch Selbst-Ansporn. Wenn weniger Schritte gelaufen werden, dann bedeutet, dass auch weniger geschrieben wird. Wenn mehr geschrieben wird, dann bedeutet das auch, mehr laufen zu müssen. Wenn du mehr läufst, dann wirst du auch mehr schreiben müssen.

Hast du selbst eigene Motivationsideen?

31. Dialog in Fiktion – Ein Gespräch über Computerspiel-Ethik

Das Interview mit Süleyman I. in Fiktion wollte ich zunächst aufzeichnen, aber das ging aufgrund technischer Probleme noch nicht. Also füge ich hier eine thematische Einführung in die Thematik als auch das "Interview" ein, auch um mehr Text-Content bereit zu stellen und Qualität und Quantität zwischen Video, Audio und Text in ein "gutes" Verhältnis zu bringen. Als Jugendlicher war ich in einem Computerspiel "Silent Hunter" ein sehr erfolgreicher U-Boot-Kommandant und es war immer ein Gefühl der Überwindung von eigenen Unmöglichkeiten, in historischer als auch in persönlicher Perspektive, zur Möglichkeit hin. Doch sollten diese "Möglichkeiten" auch kritisch beurteilt werden. In einer Karriere konnte man Missionen annehmen und musste so viele Schiffe wie möglich mit den wenigen Torpedos und der Treibstoffreserven versenken. Fahrtrouten und Konvois der englischen Flotte beziehungsweise der Alliierten kamen hin und wieder über Funk hinein, denen man dann nachfolgte. Die meiste Zeit passierte (wie auch in der wirklichen, historischen Realität) wenig und es war langweilig. Zum Glück gab es eine Zeitkompression, die die Zeit bis zum Eintreffen an einem bestimmten Punkt nach einem Kurs beschleunigte, sodass in der Fiktion die Realität entscheidend überwunden wird. Und dann geschah es: "Schiff gesichtet." Das U-Boot brachte ich in eine geeignete Position, ohne dass es bemerkt wird (kleine Fahrt voraus, Bug voraus, Schusswinkel etwa 60 °). Bei größeren Konvois musste man sich auch vor Zerstörern in Acht nehmen, die Wasserbomben (sehr effektiv und gefährlich) in das Wasser warfen und das Boot gleichzeitig nicht so tief tauchen konnte. Es gab also immer eine Art "Bestrafung" trotz der

Versenkungserfolge von Schiffen. Und dann "ALARM! Tauchen sofort!" und die Alarmklingel schrillte. "Los, los, alle Mann nach Vorne!". Das gab einem das Gefühl, wirklich "dabei zu sein", als Pseudo-Kommandant. Wichtig war der eigene Erfolg beziehungsweise die Ausführung der Befehle, um zu gewinnen. Doch Befehle können im Spiel leichter abgelehnt werden als in der Realität, im 2. Weltkrieg in Deutschland. "Torpedo los!". Aber da sind doch "Menschen" an Bord. Ein solcher Befehl ist in der Fiktion leichter zu fällen, da man selbst oder andere nicht betroffen sind und das ethische Nachdenken darüber fehlt möglicherweise. Ich habe es später als ich älter war, kritisch-ethisch in Fiktionen gedacht, dass sie nicht unbedingt ein rechtsfreier Raum sind, wie z.B. hier das Sendezentrum wie in Minecraft (Urheberrechte müssen eingehalten werden), das Ausdruck ist, dass Fiktion und Realität zwar nicht so sehr zu unterscheiden sind und das auch eine Chance ist, das Selbstbewusstsein zu stärken, aber dennoch nicht frei von Gesetz und Regeln sein sollten, um immer noch ein Bewusstsein für die Realität zu haben und Grenzen und Möglichkeiten der Fiktion abzuwägen. In späteren Spielen von "Silent Hunter" setzten die Programmierer animierte Rettungsboote oder Fallschirme ein und die sinkenden Schiffe riefen über Funk Hilfe, um die Angst vor falschen, ethischen Handlungen in der Fiktion abzuschwächen. Ich empfand es immer als gut, ein Schiff zu beschädigen und so lange zu warten, bis es evakuiert wird, da es mir nur um die Tonnage und die Fracht ging, die ja auch Munition und Treibstoff enthalten konnte, um wieder Menschen in anderen Kriegsgebieten zu töten und das dadurch (fiktiv) zu unterbinden. So dachte auch schon Kapitän Nemo als er mit seiner Nautilus die Kriegsschiffe angriff, aber letztlich doch ein Mörder war und in der Fiktion ist so etwas viel leichter (im negativen Sinn) ist! Andererseits hat das ja auch umweltethische Konsequenzen, wenn Minen und kaputte Schiffe auf dem Meeresboden landen und in weitere Lebensbereiche eindringen. Es ist und bleibt eine Abwägung in Fiktion, die aber auch in der Realität bedacht werden kann und auch wird, da es ja wirklich passiert ist. Da konnte auch ein Zerstörer bei den Funksprüchen nach Hilfe dabei sein, der mich und das U-Boot jagten und wieder so eine Situation (Auge um Auge, Zahn um Zahn, Schiff und Schiff) entstand, im Sinne eines Vergeltungsschlages und meinen "Erfolg" bestrafen wollte. Die Effekte, wie das „Knatschen" des Gebälks, machten die Sache sehr authentisch und dann kam das Echolot vom Zerstörer wieder und die Angst, es knallt wieder. Das Spiel könnte sofort vorbei sein, wenn der Drucktank, der Kompressor oder die Treibstoffvorräte getroffen werden, auch wenn durch Speicherslots der Tod überwindet wird und das Spiel von Neuem gestartet werden kann. Auch weil man nicht wirklich etwas spürt, sondern nur etwas hört und sieht, hat man dadurch weniger Angst vor dem Tod. Die Grenze des Dabei-Seins wird also doch nicht ganz überschritten, auch wenn es jetzt solche "Spezialbrillen" gibt, um virtuell dabei zu sein. Das kann sich in der Zukunft ja auch ändern, wie sich Gefühle in Spielen entwickeln. Das Spiel überwand auch durch authentische Schadenssysteme die Unmöglichkeiten in der Fiktion sehr gut, sodass Realität und Fiktion sich schon damals (2004) weit angenähert haben und immer noch weiter annähern. Die gesamte Welt, die Ozeane konnten mit dem Boot befahren werden. Einmal gelang mir sogar eine Weltumfahrt durch die kanadischen "Fjorde". Heutzutage ist diese Grenze zwischen Realität und Fiktion noch weiter gefallen. Und das hat Folgen. Aber in der

Realität ist und bleibt der Tod endgültig, zumindest in der naturwissenschaftlichen Perspektive, nicht der christlichen z.B. Vielleicht ist die christliche Perspektive ja auch eine Fiktion? An dieser Stelle kann die Grenze zwischen Realität und Fiktion nicht fallen, auch wenn sie es in der Fiktion selbst tut. Und das hat Konsequenzen für das eigene Denken im Spiel. "Es kann mir doch egal sein, was mit den "Menschen" geschieht. Daten sind reproduzierbar." Doch was ist wenn diese Aussage in die Realität projiziert wird? Dann wird das gefährlich. Bei einem U-Boot-Spiel ist das noch weniger möglich, da es keine U-Boote mehr in dieser Form gibt. Aber was ist z.B. mit Ego-Shootern usw.?, die sich der Realität immer weiter annähern, durch die grafische Technologie. Ich denke, dass die Gefahr situationsbedingt beurteilt werden muss, wenn mehrere Faktoren zusammenlaufen, in der Psyche. Die Killerspieldebatte zu den Amokläufen begann zur Jahrtausendwende. Seitdem gibt es ethische Überlegungen zur Computerspielethik mit genau diesen Fragen: Werden Realität und Fiktion noch klar unterschieden? Hat das Konsequenzen für ethische Entscheidungen sowohl in der Realität als auch in der Fiktion? Gibt es zwischen den Ebenen Unterschiede und Gemeinsamkeiten in Hinblick auf ethische Entscheidungen? Diesen Fragen habe ich mich im "Dialog in Fiktion" gestellt. Sultan Süleyman I. als Gast heute hier. 46 Jahre Sultan, längste Regentschaft innerhalb des Osmanischen Reiches, Gesetzgeber, Moscheenbauer, Dichter, 13 Feldzüge – ein sehr erfolgreicher, historischer Lebenslauf in der Realität. Und wir befragen ihn heute über Computerspielethik, einer neuen Form der Technikethik, die besonders durch die Killerspiel-Debatten in den 2000er Jahren *en voque* gekommen ist. Auch die Neuveröffentlichung des Buches "Quo vadis Graecus?" ist eine erweiterte Erzählung eines Computerspiels aus dem Jahr 2007, Civilization 4, in dem auch Süleyman, unser Gast, als fiktiv-historischer Charakter vorkommt und die "Zeiten" überwindet. "Herr Süleyman, in diesem Computerspiel kommen Sie vor und können Entscheidungen innerhalb der Fiktion treffen, die in der Realität niemals wahr werden dürfen. Wie würden Sie das Verhältnis von Fiktion und Realität einschätzen?" "Fiktion und Realität sollten zwar voneinander getrennt werden, je nach der Situation, z.B. bei gefährlichen Entscheidungen, wie z.B. der Abwurf einer Atombombe um einen Krieg zu beenden, muss strikt zwischen Fiktion und Realität unterschieden werden. Wir haben es bei Hiroschima gesehen, welche Gefahren von einer Atombombe ausgehen, sie hat den 2. Weltkrieg beendet. In der Fiktion lassen sich solche Entscheidungen leichter treffen, da die beiden Räume voneinander getrennt sind. Ich oder Sie sind nicht unmittelbar davon betroffen. Nun kann es aber passieren, dass diese räumliche Grenze aufgehoben wird, z.B. durch Psychosen. Man möchte unbedingt die eigenen Unmöglichkeiten überschreiten, um z.B. Aufmerksamkeit zu erlangen oder Rache angesichts von Minderwertigkeitskomplexen zu nehmen usw. Daher ist die Vermutung nicht so weit hergeholt, dass die Killerspieldebatte so kontrovers geführt wurde. In Civilization kann man König sein, ein Land regieren, alles, was sonst nicht kann. In Flugsimulatoren kann die Welt bereist werden. Die Computertechnik und Grafik wird immer besser. Fiktion und Realität nähern sich immer mehr an. Trotzdem muss zwischen beiden Räumen in bestimmten Fällen unbedingt unterschieden werden, da auch weitere Räume, z.B. Rechtsräume in der Realität davon betroffen sein können oder das Recht des Einzelnen des Gegenübers. Ich denke, dass eine verantwortungsvolle Kommunikation als Spiegel der Gesellschaft in der Fiktion notwendig ist, das heißt, zwischen Fiktion und Realität zu unterscheiden, ohne dass jemand direkt gefährdet wird." "Sind Computerspiele daher gefährlich?" "Nicht unbedingt. Sie können auch sehr lehrreich sein und das Selbstbewusstsein kann aufgrund der Überwindung der eigenen Grenzen sehr wachsen. Auch ist eine "Reise" in einem Simulator fast kostenlos. Man kann die gesamte Welt bereisen und konstruieren, muss nicht traurig sein, wenn in der Realität das Geld dafür fehlt. Gefährlich sind sie vielleicht in der Fiktion für die Fiktion selbst, also meine Entscheidungen in der fiktiven Welt für diese. Da kann man sich ja "austoben" oder auch nicht. Es gibt ja auch Spiele, wo das eigene Fehlverhalten gelenkt und gesteuert wird. In Civilization z.B. kann der Abwurf einer Atombombe zu erheblichen, diplomatischen Sanktionen führen, die den Spielmechanismus erheblich umkrempeln können oder die globale Erwärmung fördern und damit die Ausbreitung der Wüsten voranschreiten lassen und die Bevölkerung nicht mehr mit genug Essen versorgt werden kann und der fiktive Planet kaputt gemacht wird. Und natürlich bleiben sie gefährlich, wenn Fiktion und Realität getrennt werden und die Überwindungen der eigenen Unmöglichkeiten aufgrund von Psychosen, Wut gewaltbereite Formen wie z.B. in Killerspielen annimmt. Das war bei den Amokläufen in Erfurt oder Winnenden wahrscheinlich der Fall. Aber allein dem Computerspiel die Schuld zu geben, halte ich für übertrieben. Man muss alle Kontexte einbeziehen." "Sind Atombomben und -energie ethisch vertretbar?" "Sie sollten nie zum Einsatz kommen. Das wäre unser Ende. Das Ende der Welt. Auch Atomenergie hat dasselbe Potenzial, wenn sie nicht verantwortungsvoll genutzt wird. Das hat Tschernobyl gezeigt.

Auch in der Fiktion sollte man sich fragen, kann man das nicht irgendwie anders lösen?" "Danke für dieses ausführliche "Gespräch"! Zusammenfassende Frage: Entscheidend ist die Unterscheidung zwischen Fiktion, Historie, Realität und Ethik oder anders: Wie stellt man ein Gespräch dar, das eine Person als Gegenüber hat, die zwar historisch existierte, aber jetzt in die Realität vermeintlich gespiegelt wird, obwohl sie noch in der Fiktion ist und gleichzeitig historisch und dann ethisch gespiegelt eine Schlüsselfigur für das ethische Verhalten jetzt ist? Das konnte ich technisch noch nicht lösen und habe es daher als Text getan.

32. Die Optimum-Gesellschaft – Grenzen und Freiheiten

Kennst du das? Jemand hat schon mit 10 Jahren ein Buch geschrieben, eine Oper oder dergleichen? Oder jemand hat schon seit 20 oder mehr Jahren seine Laufschuhe an und läuft Marathons oder Ultra-Marathons? Und das wird dann noch in der Presse veröffentlicht? Das sind Aspekte, die in jedem Bereich dieser Gesellschaft vorkommen. Was ist das für eine Gesellschaft? Ich nenne sie die Optimum- oder die Optimalgesellschaft. Ziel ist die ständige Weiterentwicklung der Gesellschaft und der Menschen, die in ihr leben. Dadurch dass sie sich weiterentwickeln, entwickelt sich auch die Gesellschaft wechselseitig stellvertretend als ineinander gehendes Seins-System mit vielen individuellen Systemen weiter. Ich selbst bekomme selten genug. Ständig muss ich was Neues entdecken, weil mich dieses Leben fasziniert, was mir Gott geschenkt hat. Gleichzeitig versuche ich aber auch einen kritischen Blick zu wahren, auf das, was nicht so scheint wie es ist. Vor allem dieser eine Text von Dietrich Bonhoeffer hat mich sehr fasziniert und mich zum schönen Leben und zur Freiheit animiert. Dort steht groß zum Thema

"Freude": "Du hast eine glückliche Anlage in dir: Du kannst dich freuen. Freue dich soviel du kannst; Freude macht stark. Sich freuen heißt in allem Gott sehen und seine Liebe, dort, wo es heiter und freundlich aussieht, aber auch dort, wo es einmal nicht so geht, wie du es wohl wünschtest. Das ist nicht ganz leicht."[49] Diese Worte stehen in einem engen Verhältnis zu weiteren Stellen in diesem Buch, Optimismus und Freude. Doch diese Texte greifen gerade diese Ambivalenz vom Optimum und Nicht-Optimum auf. Im Letzterem kann man sogar verharren und stecken bleiben, wenn man sich nicht genug freut. Jean-Paul Sartre nennt es unter anderem auch das Verharren in seiner eigenen Beschränktheit, der *mauvaise voi*. Das ist auch ein Grund für Depressionen, denke ich, Gefühle und Freude nicht rauszulassen, dem Über-Ich eine zu hohe Wertigkeit zuzumessen. Versuche mal Folgendes (das tue ich sehr gern und weckt meinen Körper auf): Springe auf und hüpfe im Raum hin und her, am besten noch zur fetziger Musik, dem ES freie Bahn zu lassen. Und du wirst merken, etwas wird in mir und dir wach, weil die Durchblutung im Körper angeregt wird. Du fängst an zu lächeln. In diesem Sinne ist die Optimum-Gesellschaft positiv zu sehen. Doch der Weg dahin kann wieder negativ interpretiert werden beziehungsweise sein Ursprung. Was ist mit den Menschen, bei denen dieses Potenzial noch nicht ausgeweitet wurde? Das ist auch gleichzeitig ein diakonischer Sinn, einem vermeintlich "Schwachen" sein inneres Leben zu wecken. Zusammenfassung: Bewegung und Freude ist das, die zum Optimum der Gesellschaft führen. Gleichzeitig kann dieses Optimum der Anderen, deren Leidenschaft schon geweckt ist, auch erdrückend wirken, wo eine Grenze der Optimum-Gesellschaft erreicht ist. Das

---

49 Felger, Bonhoeffer, 10.

bedeutet also im Umkehrschluss, dass es manchmal sinnvoll ist, seine Leidenschaft, sein Brennen zu bremsen, wenn das Gegenüber noch nicht brennen kann.

33. Auf-Der-Stelle-Laufen gegen die C-Risis – Eine Idee, die in schweren Zeiten Mut macht

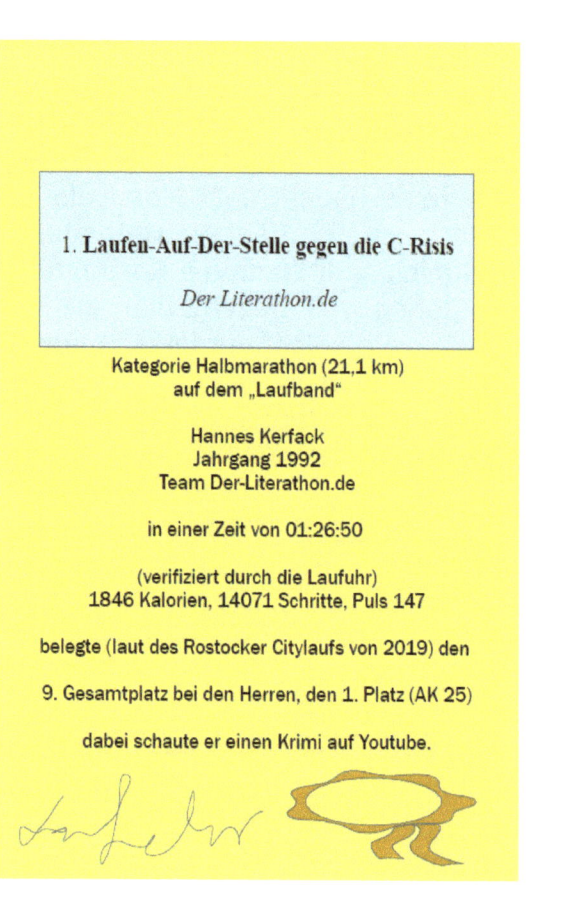

1. **Laufen-Auf-Der-Stelle gegen die C-Risis**

Der Literathon.de

Kategorie Halbmarathon (21,1 km)
auf dem „Laufband"

Hannes Kerfack
Jahrgang 1992
Team Der-Literathon.de

in einer Zeit von 01:26:50

(verifiziert durch die Laufuhr)
1846 Kalorien, 14071 Schritte, Puls 147

belegte (laut des Rostocker Citylaufs von 2019) den

9. Gesamtplatz bei den Herren, den 1. Platz (AK 25)

dabei schaute er einen Krimi auf Youtube.

Ja, es gibt noch mehr als das, das Streben nach neuen Bestzeiten, besonders in Krisen-Zeiten. Es ist seltsam, dass mein Unternehmen und ich selbst von dieser C-Risis (ein englisches Wortspiel zwischen Corona und Krise und Corona und rises (engl. für Aufstieg, der eingedämmt werden soll) profitieren. Dabei soll sie nicht schön geredet werden. Daher habe ich ein Projekt entwickelt, dass in schweren Zeiten wie diese, Mut machen soll, nicht aufzugeben. Meine Andachten und Teezimmer und die Texte haben mehr Hörer als jemals zuvor in meinen öffentlichen Vorträgen, Referaten und Predigten. Und das freut mich sehr. Auch die Kosten für mein Unternehmen sind sehr gering. z.B. bezahlt man die "Miete" für die Domain und die Website selbst nur jährlich und es ist ungefähr eine normale Monatsmiete für zwei Jahre insgesamt, wenn sie nicht durch Werbung finanziert wird. Es ist auch ein tragbares Unternehmen, das man immer mit sich nehmen kann. Das sind die größten Vorteile. Der Besinnungshalt wird dadurch auch immer wertvoller, auch wenn man ein Buch oder einen Film schauen muss, Zuhause, nach dem Homeoffice und nicht mehr rausgehen kann. Wichtig ist auch ein Ausgleich geworden. Die häusliche Gewalt soll zunehmen, die Depressionen, weil man Zuhause eingesperrt ist. Der Literathon kann durch die Produktion von Büchern und alternativen Sportwettbewerben damit Abhilfe schaffen und ich war froh, dass ich einen Verlag gefunden habe, der meine Bücher veröffentlichen kann und ich durch die vielen Korrekturarbeiten immer sehr viel zu tun habe. Auch kann man auf einem Laufband oder einem Hometrainer einen Krimi oder eine andere Unterhaltung auf YouTube anschauen oder nebenher an den Projekten arbeiten. Bei realen Laufwettbewerben habe ich mich manchmal gelangweilt, sodass ich dadurch (und damit du) auch einen

Ausgleich geschaffen habe. Auch lässt sich dieses Projekt ohne ein Smartphone ausführen (obwohl ich jetzt auch ein Tablet mit allen Smartphone-Funktionen habe, um die Arbeit auf dem Literathon weiter zu unterstützen), sodass man Zeit für sich gewinnen kann, weil du nur eine Laufuhr brauchst, die deine Urkunden und diese von diesem "Wettbewerb" verifiziert. Wenn das Smartphone (z.B. die Strava-Funktionen oder die Schrittzähler-Apps) aber auch einen Laufband-Modus hat, dann erübrigt sich dieser Gedanke des Besinnungshaltes (also der bewusste Verzicht auf digitale Medien, die einen sonst immer prägen und beeinflussen). Es ist also auch eine persönliche Entscheidung zu verzichten. Aber eine Chance des Verzichts ist die Laufuhr mit Sicherheit, da sie auch meist zuverlässige Daten liefert (wenn das GPS funktioniert). Das ist im Laufband-Modus nicht der Fall, weil du immer auf der Stelle läufst und dadurch keine Distanzen entstehen, die berechnet und zurückgelegt werden können und mit den anderen Daten in ein Verhältnis gesetzt werden, es sei denn du läufst auf einem richtigen Laufband. Laufwettbewerbe fallen jetzt aufgrund der Corona-Krise in gefühlt 99 % der Fälle aus, sodass ich das Ergebnis des Laufens auf dem Laufband mit vergangenen Wettbewerben in ein Verhältnis setze und mich (fälschlicherweise) in die Ergebnistabellen einordne, ohne dass ich am Wettbewerb selbst teilgenommen habe. Du kannst auch einen anderen Wettbewerb in deiner Nähe verwenden oder auch einen eigenen Lauf außerhalb des Hauses dafür benutzen. Also wenn du einen 10-Kilometer-Lauf draußen ausführst, dann kannst du dir dafür auch eine Urkunde schreiben und mithilfe einer Laufuhr verifizieren und bei einem aktuellen, lokalen Wettbewerb "einordnen". Auf Strava ist das ja durch die Pokale und Segmente möglich, die man ja durch die

Verifikation mit einem Smartphone erhält, das beim Laufen die Strecken misst, auf dem Andere schon Strecken gelaufen und für Andere gespeichert haben. Das Ergebnis ist überraschend gut (am Beispiel des Rostocker Citylaufs vom letzten Jahr 2019). Meine Laufuhr verifiziert daher "zu gut", durch das fehlende GPS im Laufband-Modus. Aber das muss nichts schlimmes sein. Es kann das Selbstbewusstsein trotzdem stärken und darauf hoffen lassen, bald wieder an einem Laufwettbewerb teilzunehmen, wenn die Krise zu Ende geht und einem das Gefühl geben, trotzdem an einem Laufwettbewerb teilgenommen zu haben. Es ist ja möglich, dass dieses "Super-Ergebnis" dann wirklich bei einem "richtigen" Laufwettbewerb eintritt. Und ja, es gibt trotzdem immer noch die Möglichkeit, eine neue Bestzeit oder einen neuen Kilometerrekord aufzustellen, auch wenn man diesen Zahlen auf dem Laufband und dem der Laufuhr nicht glaubt, ohne das dem GPS kritisch gegenüber stehen soll. Das soll aber nicht davon abhalten, dass das Selbstbewusstsein in der Krise gestärkt und meine Urkundenwerkstatt gefüttert werden kann, auch für andere.

34. Weck die Leidenschaft (in Maßen) für Alles – Die Unternehmensphilosophie des Literathons

Die Überwindung der allgemeinen Angstpsychose. Der Titel ist nicht ganz klug gewählt, aber trotzdem bringt er ein Problem in der Gesellschaft ganz auf den Punkt. Ich werde ihn dabei auch belassen. Denn er "unterstellt" eine Angstsituation, die nicht notwendigerweise vorhanden sein muss, aber doch sein kann. Daher ist dieser Artikel auch mehr ein Angebot, sich mit dieser Thematik innerhalb der psychologischen Forschung auseinanderzusetzen. Auf die Forschung ist er auch nicht beschränkt und das ist auch kein

Grund, sich damit nicht auseinander zu setzen, weil es anscheinend "zu hoch" ist. Der Artikel kann als persönlicher Angriff verstanden werden, aber gerade das soll er auch im gewissen Sinne sein, auch meinen persönlichen Erfahrungen zufolge damit und wie ich mit Angst umgehe. Sie ist per se nichts schlechtes, so lange sie sich in Grenzen hält. Tut sie das nicht, so glaube ich, entsteht eine Angstpsychose beziehungsweise Angst- und Panikstörung, die belasten und man darunter leiden kann. Die Überwindung der Angst ist ein Hauptziel des Literathons, um mehr Leben und Pluralität durch die Überwindung der Angst (in gewissen und eigenen Grenzen) zu ermöglichen, z.B. durch die Herstellung von eigenen Schreib- und Kreativarbeiten, im besten Fall durch das Schreiben eines eigenen Buches. Dieser Artikel hat demnach auch einen Grundsatzcharakter für den Literathon und meine eigene Praxis. Angst lähmt, man zuckt zusammen, geht in den verlegenen, kopf-geduckten Modus des Nicht-Umgehen-Könnens mit der Situation und schon ist man mittendrin, in einer Angstsituation. Ursächlich sind beispielsweise fehlende Erfahrungen, Angst vor Schuld und Strafe aus vergangenen Erfahrungen, die möglicher- und fälschlicherweise auf diese neue Situation gespiegelt werden, die damit (eigentlich) gar nichts zu tun hat und verkrampft dabei. Diese Angst kann in Wut mit Anderen und mit sich Selbst umschlagen: "Warum ist es mir wieder nicht gelungen, aus der Situation der Verlegenheit zu entkommen, und dabei jemanden in die Augen zu schauen? Warum mache ich mich wieder kleiner als ich bin? Ich wollte doch so gern leidenschaftlich sein und über mein Thema sprechen. Was hat mich blockiert? Und der Andere hat Schuld." Ja, genau das, die Angst. So empfand ich es zumindest, in meinen eigenen, persönlichen Erfahrungen mit Angst. Da ich aber auch ein Mensch bin und gewisse anthropologische Grundkonstanten sich immer durch die Geschichte halten, hier die Angst als Ausdruck eines Überlebensinstinktes, kann das möglicherweise auch bei anderen Menschen vorausgesetzt werden. Sie kann aber auch ein Zeichen dafür sein, dass man Hilfe beziehungsweise Mitleid haben möchte oder aber auch ein Grund der Anerkennung eines Anderen für seine Leistungen. Wie wird die entstehende Angst nun überwunden? Es klingt paradox, aber ihre Überwindung in den "gewöhnlichen" Formen ist gleichzeitig auch die Erzeugung von Angst, ein Teufelskreis im negativen wie positiven Sinn sozusagen. Denn das ist immer abhängig davon, ob es sich um positive Angst oder negative Angst handelt. Positive Angst ist das Bewusstsein von den Dingen, die zwar auf den ersten Blick die Möglichkeiten der eigenen Freiheit einschränkt, die negative (wie positive) Angst zu überwinden. Positive Angst ist z.B. das Bewusstsein von Freiheit und Gesetz. Ich kenne zwar meine eigenen Freiheiten, aber ich habe trotzdem immer noch ein respektvolles Verhalten gegenüber Leuten oder Verfassungen (wie das Grundgesetz). Das entfaltet sich hier auf dem Literathon anhand der Datenschutzerklärung, dem Impressum, und dass ich die Copyright-Bedingungen bei der Literatur und den Bildern einhalte und meine eigenen Bilder und Entwürfe durch die Copyright-Zeichen in der unteren Zeile angezeigt, um die idealen Bedingungen zu schaffen, um die eigene Schreib- und Kreativfreiheit bestmöglichst umzusetzen, damit sie nicht in eine negative Angst umschlägt und sie stört, sondern durch die positive bereichert und andere bereichert. Besonders angesichts der Corona-Krise hat mein Unternehmen eine ziemliche Chance, "groß" raus zu kommen. Besinnung, Literatur, digitale Medien - das sind alles Dinge, die im Moment *en voque* sind. Konkret gibt es aber auch Aufgaben, die jeden Tag anstehen. Jetzt geht es darum, nochmal die Unternehmensphilosophie und damit die Ziele und "Erträge" des Literathons zu definieren (sinnvoll festzulegen). 1. Die Beschränkung auf das Wesentliche (Besinnungshalt). Viele Menschen empfinden Stille, Ruhe und Stillstand als eine Last als ein "Zu-Wenig", aus dem man wenig machen kann. Gerade das Wenige, das Minimalistische kann sehr viel Potenzial haben. Z.B. brauchst du nur einen Computer und einen Kopf, um zu schreiben oder Grafiken zu designen. Das kannst du überall, auch während einer Zugfahrt z.B. Plötzlich muss jeder (gefühlt) zu Hause bleiben. Die Optimum-Gesellschaft kommt in das Stocken oder auch nicht, aufgrund von kreativer Lösungen im Homeoffice. Gleichzeitig hat man Angst, etwas falsch zu machen oder ist mit einer Situation konfrontiert, die die Nerven so nicht kennen. Und diese Angst kann zur Wut führen. Angst führt auch zur Suche nach Mitleid und Anerkennung oder zur Resignation. Die eigenen (gefühlten) Unmöglichkeiten werden auf einen Selbst als Gegenüber gespiegelt. "Du wirst das doch niemals schaffen!" "Nein, Sie meinen wohl, dass Sie es im Moment nicht schaffen würden? Was kann man dagegen tun?" Klingt doppelseitig provokativ, ist aber die richtige Reaktion, sich nicht unterkriegen zu lassen. Du kannst ja sagen, wie es sich wirklich verhält, ohne provokativ zu sein. Das heißt: "Ich plane so und so, um das doch zu schaffen." Dann merkt das Gegenüber vielleicht auch für sich, dass er es so schaffen kann, durch indirekte Rede als ein "Zeichen". In diesem Sinne soll der Literathon Mut machen, über sich hinaus und die Anderen zu gehen und diese gleichzeitig auch dazu zu ermutigen, um die Optimum-Gesellschaft auf seine eigene Weise zu leben und sie weiter zu entwickeln, in einem bestimmten zeitlichen Kontext mit den jeweiligen Herausforderungen dieser Gesellschaft, mit seinen eigenen Talenten. Dynamische und produktive Gelassenheit ist das Ziel, sich neue Aufgaben suchen. Selbst wenn ich diesen Artikel jetzt schreibe, besteht die Möglichkeit, dass man sich angegriffen fühlt. Aber genau das ist notwendige Reaktion, um zu erkennen, etwas stimmt (vielleicht) nicht ganz, dass ich nicht ganz mit mir im Reinen bin. Ob das nun zu mehr Gelassenheit führt, ist auch eine Frage der Zeit, was man nicht innerhalb von einer Gesprächsstunde leisten kann. Auch ist es ein unverfügbares Geschehen. Es kann funktionieren, muss aber nicht, vielleicht ist man ja auf eine andere Weise mit sich im Reinen. Es unterliegt der eigenen Plausibilität, die ich letztendlich nicht lenken kann. Jedenfalls war ich vor 5 Jahren selbst wegen dieser inneren Spannungen bei einem Arzt, der mich dann mit derselben Methode "geheilt" hat, um meine Panikattacken, Temperamentausfälle und Angst zu besiegen oder zumindest deutlich einzudämmen. Dieser Artikel kann ja ständig aufgerufen und für sich wieder erinnert werden. Das war auch das Konzept dieses Spezialisten. Wir besprachen ein Problem beziehungsweise ich trug es vor, er notierte sich das zielorientiert, das heißt, er unterbrach mich provokativ, um dann darüber nachzudenken. Zunächst hasste ich dieses Konzept, weil es mich "angriff". Nach einem Jahr verstand ich dann, mein Kopf hatte diese Impulse verarbeitet und ihm dann von meinen produktiven Projekten erzählte. Darüber war er sehr zufrieden und ich war sehr glücklich und weniger belastet. Er stellte "Überbegabung" fest, aber darüber kann man ja streiten. Ich brauchte nur etwas, um mein Potenzial zu entfalten, wie z.B. der Literathon, um die "Last" loszuwerden. Genau diese Methode und Philosophie versucht auch der

Literathon mit konkreten Mitteln umzusetzen, wobei sie nur Angebote beziehungsweise "Zeichen" sind, zu denen man sich verhalten oder auch nicht verhalten kann. Ich denke, das Ergebnis wird irgendwo in der Mitte liegen, mal mehr oder weniger ausgeprägt, je nach Begabung und Talenten. 2. Ermutigung, leidenschaftlich auf jede Art zu sein und alternativ zu denken Die Erwartungen von Anderen nicht erfüllen zu können, kann sehr belastend sein. "Es geht auch anders." ist eins meiner Mottos, wobei das Alte nicht unbedingt aufgegeben werden muss, sondern mit dem Neuen zu verbinden ist. Ich bin sehr leidenschaftlich unterwegs, sonst würde der Literathon schon längst untergegangen sein, freue mich über jeden Tag, über die Bücher, die ich schreibe. Mein gesamter Körper fließt manchmal, springe vor Freude, wenn ich etwas Schönes entdeckt habe, im Raum umher. Das gibt mir genug Kraft, z.B. bis spät in die Nacht an den Projekten zu arbeiten, sie vorzustellen und zu veröffentlichen. Aber ich kann auch Pause machen, wenn ich möchte, aber ohne das sie zu hemmend ist. Alles, was ich von mir hier erzähle, kann auch auf einen Selbst als eine "Möglichkeit", nicht "Unmöglichkeit", gespiegelt werden (eine Art Vorbild). Diese "Energie" habe ich z.B. auch durch das Studium erlernt, wo man geschult wird, dass der Kopf sehr viele Daten verarbeiten kann. "Überbegabung" relativiert sich, wie gesagt. Daher ist es auch eine Frage der Bildungskontexte, was möglich ist und was nicht, obwohl Autodidaktik immer möglich ist. Wichtig ist auch die Überwindung von Vorurteilen. "Künstler und Schriftsteller-Sein, das bringt doch nichts ein!" - Das Problem mit mündlichen Quellen ist, dass sie sich hartnäckig halten können und mit der Zeit selbst verfälscht werden (durch eine "Gerüchteküche") und sie nicht mehr unbedingt in ihren

Kontexten und Ursprüngen gesehen werden. Solche Gerüchte und ihre Verbreitung sind auch Ausdruck einer bestimmten Sozialisation und ihrer implizierten Erwartungen, die man unbedingt erfüllen möchte. Wenn ich etwas sage und tue, was der Andere tut, finde ich Anerkennung in der Angst, um wieder beruhigt zu sein. (Wahrscheinlich kaufen in der Corona-Krise deshalb so viele Leute Toilettenpapier, ohne sich kritisch danach zu fragen warum.) Das heißt: Jeder Schriftsteller hat sich mit diesen Vorurteilen auseinandersetzen müssen, aber wenn er sich irgendwann durchgesetzt hat, dann wird diese mündliche Quelle beziehungsweise die Vorurteile durch neue erfolgreiche Belege widerlegt, da er sich in der Optimum-Gesellschaft eingefunden hat. 3. Kreative Arbeiten und andere Schreibkünste vorstellen und anleiten. Ich stelle Videos vor, in denen ich künstlerische Arbeiten und Schreibmotivationen vorstelle, um die eigene (wahrscheinlich noch verborgene) Kreativität von Anderen zu wecken, die grenzenlos ist. Das setzt Gelassenheit und Angstlosigkeit voraus. Gleichzeitig führt die Weckung der Kreativität auch dazu, sodass es sich um einen dynamischen Prozess handelt, der auch immer wieder neu geweckt werden muss beziehungsweise kann. Es handelt sich um ein Angebot, aber auch nicht weniger als das. Ein Angebot muss für sich selbst plausibel gemacht werden, wie ein "Zeichen", zu dem man sich verhalten kann. Gleichzeitig soll das Bewusstsein für Regeln geschult werden, sie als Ermöglichung von Freiheit zu verstehen, sie aber auch nicht durch die Angst vor Regelverstößen zu blockieren. Regeln und Gesetze sind notwendig und wichtig, aber Gesetz und Freiheit müssen in einem Gleichgewicht je nach Kontexten bleiben. 4. Aufbau eines virtuellen "Fernsehstudios" zur digitalen Bildung. Am 2. April 2020 wurde das Fernsehstudio für den YouTube-Kanal begonnen und soll in drei Monaten fertig gestellt werden. Es ist Kulisse des Literathons und der Schreibwerksta(d)tt, wobei das gesamte Studio auch diese selbst ist. Die Seminar- und Vorlesungsräume sind Mehrzweckräume, ebenso die Studios. Es ist ausreichend Platz vorhanden. Digitale Medien können in die vorher abgedrehten Kameraschwenks eingefügt werden, die man immer wieder verwenden und kopieren oder auf neue Inhalte anwenden kann. Dieses Studio ist das Herz des Literathons und ein Abbild von diesem und der Stadt selbst. Die digitalen Medien können Ergebnisse aus Kreativarbeiten, Schulen und anderen Vorträgen sein, um Heimunterricht und Distanz-Lernen zu unterstützen. Die digitale Kirche ist zweigeteilt. Sie besteht aus einer Kirche und einer Halle der Religionen, damit das Christentum keine dominante Stellung einnimmt und sich niemand angegriffen fühlt. Sie ist ein Angebot. In der Halle der Religionen können daher auch andere Religionen behandelt werden und der Literathon dadurch die konfessionslose Haltung und Neutralität so gut es geht bewahrt, auch wenn das manchmal sehr schwer ist, besonders weil für viele Menschen Religion eine Privatsache ist, aber das Video aus dem jeweiligen Studio muss ja nicht angeschaut werden oder es wird auf ein „weltliches" Video zurückgegriffen, wie das ein Teezimmer und Seminar und man bekommt vielleicht Lust, sich auch das Video mit der Religion anzusehen. Es ist "Zeichen", ein Angebot, das einem selbst plausibel werden muss. Gleichzeitig ist dieses Konzept aber auch Teil meiner eigenen (und die der möglichen Anderen) Religionsfreiheit, die ich hier als Teil der Optimum-Gesellschaft einbaue. Gleichzeitig hält sich der Literathon an die negative Religions- und Gewissensfreiheit. Niemand darf zu einer Gesinnung gezwungen werden. Das bedeutet aber auch, dass abwertende Kommentare gegenüber Religion auf dem Literathon verboten sind. Kritisch-konstruktive Kritik ist dagegen erlaubt. Religion kann auch Gewissen sein, ohne Religion zu sein. Der Begriff ist sehr offen definiert. Daher verweise ich auf das allgemeine Statement: Keine Beleidigungen, was für alles steht. 5. Produktion von Schriften für Verlage oder für Privatpersonen. Das bedeutet auch, dass etwas belegt werden muss. Man muss immer beide Seiten betrachten, damit eine Sache plausibel wird und einen Ausgleich in der Diskussion herbei zu führen. Das gelingt aber nicht immer. Die jeweiligen "Seiten" werden dann in den Büchern mit Quellen manifestiert, meine Manuskripte aus den Teezimmern und Nachrichtensendungen z.B.. Die Korrekturen dauern immer an. Schreibaufträge nehme ich gerne an. Das kann alles Mögliche sein (z.B. Fotobücher mit Erinnerungsfotos). An dieser Stelle steht das Ziel und das Produkt des Literathons. Es ist Abbild der Unternehmensphilosophie der dynamischen Gelassenheit, der selbst entwickelten Leidenschaft und der Beschränkung auf das Wesentliche, dass jeder zu einem berühmten Schriftsteller (auch im Homeoffice beziehungsweise "Homeprison") werden kann und ich die Schriften auch gerne veröffentlichen kann oder du tust es selbst. Self-Publishing ist die Zukunft.

35. Epilepsie und Panikattacken? - Meine Erfahrungen damit und mögliche Lauflösungen

Epilepsie ist eine krampfhafte Muskelwölbung, die nervlich bedingt ist. Sie kann durch Photosensitivität (Lichtempflindlichkeit), durch erbliche Weitergabe, eine genetische Disposition oder auch durch Stress und psychischen Druck ausgelöst werden. Die Symptome sind die einer Panikattacke ähnlich. Jeder kann einen epileptischen Anfall erleiden und jeder kann auch eine Panikattacke erleiden. In den schlimmsten Fällen verkrampft die gesamte Muskulatur und der Patient kann sich, am Boden liegend, nicht mehr bewegen. Wenn das in Situationen passiert, die lebensgefährlich sein können (z.B. Auto fahren), dann ist das noch gefährlicher. Der Notarzt muss in jedem Fall sofort gerufen werden. Aber es gibt schwere und leichte Formen von Epilepsie und Panikattacken, die auch vor Ort gelöst werden können, durch einen Laien oder durch einen selbst. Wenn es einmal vorkommt, dann kann es immer wieder vorkommen, da das Gehirn und das Nervensystem diese Abläufe abspeichert. Es gibt aber Medikamente, die die Nerven beruhigen und das Risiko mindern können, damit der Kopf nicht mehr ständig darauf reagiert. Aber diese "Krankheit" ist auch (zumindest in einer gemäßigten Form) z.B. durch Meditation, Yoga, Laufsport und weiterer Sportarten, die beruhigend wirken, eindämmbar. Ich sage bewusst eindämmbar. Ein Restrisiko wird immer bleiben. Wichtig ist auch, dass man die Ansprüche an sich selbst (auch durch andere) runterschraubt. Sich selbst nicht genügen können oder anderen, ist sicher eines der Hauptursachen solcher Attacken, neben Stress und psychischen Druck. Ich hatte einmal eine leichte Epilepsie, als ich zu lange an meinem Computer gearbeitet habe und plötzlich in schneller Abfolge flackernde, bunte Lichter sah, was meinen Kopf nicht nur sehr verwirrt hat, sondern sofort Unbehagen und Panik auslöste. Es war ein Computerfehler, soweit ich noch weiß. Ich darf auch keine Videos mit flackernden Lichtern und gleichzeitig bunten Farben sehen. Wenn man aber sofort wegschaut, kann das Risiko auch eingedämmt werden. Da ich das aber zum ersten Mal hatte, war mir das noch nicht so bewusst, wie jetzt. Ich hatte Kopfschmerzen. Mein gesamter Körper zitterte und verkrampfte leicht und zuckte unwillkürlich. 2015 hatte ich, nachdem das Arbeitspensum im Studium in diesem Jahr sehr hoch war und eine längere Therapie abgeschlossen hatte, eine Panikattacke an einem November-Abend und darauf immer mal wieder (teilweise sechs Attacken pro Tag), ein halbes Jahr lang, bis sich die Situation etwas beruhigte. Im Examen war es dann nochmal schlimm, bis das auch durchgestanden war. Danach gab es das nicht mehr in dieser Form und mir ist eine Teilzeit-Tätigkeit neben meinem freien Beruf daher am liebsten, sodass ich noch sehr selbstbestimmt bin und mir das Geld nicht wichtig ist. Das ist auch eine Voraussetzung, sich nicht so viel zuzumuten und auf etwas zu verzichten. Ich konnte mich zwar in dieser Phase noch bewegen, aber jede Bewegung war deutlich schwerer. Ich bekam furchtbare Angst, Atemnot und ich habe, wie so oft in solchen Situationen, erst mal etwas Wasser getrunken, mich dann an eine Heizung mit dem Rücken gelegt, um die Muskulatur und die Nerven im zentralen Bereich und damit am gesamten Körper zu beruhigen. Nach einer halben Stunde etwa, war dieser Schreck und diese Verkrampfung zum Glück vorbei. Ich versuche jetzt immer Pausen bei meiner Arbeit einzulegen, sowie flackernde Lichter zu meiden. Ich war deshalb auch nie der Disko-

Gänger. Zu laut, zu viel Rauch, zu viele, bunte Lichtblitze. Im Studium war ich vielleicht vier oder fünf Mal auf einer Party. Und da ich diese flackernden Lichter nicht so gut verkrafte und der Arzt das auch so sah, dass ich damit nicht klar komme, riet man mir, solche Orte zu meiden und in Großstädten in der Nacht vielleicht eine Sonnenbrille zu tragen. Der Times-Square in New York, davor sollte ich mich auch hüten, sollte ich jemals dorthin kommen. Jedenfalls habe ich noch einen Grund mehr, zu Hause zu bleiben und in keine Disko zu gehen. Bei mir lag schon als Kind ein Epilepsie-Verdacht vor, der sich aber nicht bestätigte. Trotzdem jeder kann so etwas haben. Das ist unabhängig von einer genetischen Disposition, obwohl sie in der Schwere changiert. Epilepsie war auch im Neuen Testament ein Thema. Dort wird die Krankheit aber als viel schwerwiegender dargestellt. In Markus 9 heilt Jesus einen besessenen Jungen, der aus dem Mund schäumt und sich am Boden hin und her bewegt, also völlig verkrampft. Doch bevor Jesus den Jungen heilen kann, muss der Vater, der Jesus um die Heilung bittet, nachdem er ihn erkannt hat, sich zum Glauben bekennen. Er ist im Unglauben und bittet Jesus darum, ihn von seinem Unglauben zu befreien. Das tut er durch eine Wunder-Zeichen-Handlung in Form der konkreten Heilung und der Sohn dadurch geheilt wird. Wichtig ist auch der Kontext. Während wir heutzutage die Epilepsie eher aus einer medizinisch-naturwissenschaftlichen Sichtweise betrachten, so war sie in der Antike und im frühen Christentum eher von zweigeteilter Deutung, eine mehr antik-philosophische in Form der "Heiligen Krankheit" und einer frühchristlichen Deutung, dass sie einen dämonischen Ursprung hat. In Markus 9 ist sie klar letzterem zuzuordnen. Wer die "heilige Krankheit" hatte, der war von den Göttern gesegnet, als einer ihrer Lieblinge. Alexander der Große und Julius Caesar sollen angeblich auch daran gelitten haben, aber ich kenne keine zuverlässige Quelle, die das bestätigt. Aber ich gehe jetzt nicht davon aus, einer der Lieblinge der Götter zu sein, aber auch nicht, dass mir ein Dämon innewohnt. Meine zusammenfassenden Tipps in solchen Situationen: 1. Trinke etwas Wasser und dann immer wieder danach in kleinen Schlücken. 2. Wärme den Körper mit einer Wärmflasche oder etwas Warmes zum Trinken. 3. Lege dich mit dem Rücken an eine Heizung oder etwas anderes (wie eine Wärmflasche), was den Körper vollständig wärmt und dabei entspannen lässt, das komplette, zentrale Nervensystem. 4. Mache nach jeder Stunde Arbeit am Computer eine kurze Pause von 10 Minuten (geh laufen!). 5. Leuchte den Raum, in dem du arbeitest, komplett und hell aus, um die Augen auf andere Gedanken zu bringen. 6. Öffne das Fenster, um frische Luft in den Raum zu lassen. 7. Lege dich flach auf den Boden und atme gleichzeitig ein und aus. 8. Meide Diskos und andere Orte (z.B. den Times-Square), an denen es flackernde und bunte Lichter gibt. 9. Denke daran, dass das wieder vorbeigeht und niemand sterben wird. 10. Meide Abendveranstaltungen im Freien, wo es viele Lichter oder bunte Reklametafeln gibt (z.B. auf Weihnachtsmärkten am Abend).

36. Der Montagsstress – Mit einem Blick auf meinen Tagesablauf

Es ist wieder Wochenende! Der Montag ist wieder fern, sowohl zukünftig als auch vergangenheitlich. Aber sobald der Sonntag wieder da ist, dann droht wieder der Montags-Stress. Der Montag zählt zu den unbeliebtesten Tagen in der Woche. Das Wochenende ist vorbei und es ist gleichzeitig sehr weit weg. Dafür stresst wieder das Berufsleben und die Wochenstunden-Zahl fängt wieder von vorne an, die man abarbeiten muss. Darüber kann ich nur schmunzeln, da Samstag und Sonntag für mich natürlich auch Arbeitstage sind. In den Gemeindepraktika, die ich in den Kirchengemeinden gemacht habe, hatte ich mir den freien Tag mit dem jeweiligen Pfarrer geteilt und dort war eine 50 bis 70 Stunden-Woche normal. Der freie Tag war meistens der Montag oder Dienstag, an dem ich mich mit dem Praktikumsbericht beschäftigen oder mich im Ort umsehen konnte. Samstag und Sonntag waren so gut wie nie frei, da es da immer Feste und die Gottesdienstvorbereitungen gab. Das ist auch bis heute so geblieben, beim Literathon, als freier Theologe. Mein Tag kann schon um 4 Uhr früh beginnen, wenn ich die Zeitung, die Blog-Artikel und das Teezimmer schreibe oder neue Ideen entwickele (z.B. jetzt die Webinare für die Blithe-Universität, die ich auf YouTube anbieten möchte) oder ich schaue nach den Themenfeldern, die im Moment "in" sind und möglicherweise viele Leser erreichen. Ich bin immer dann wach und arbeite an dem Projekt, wenn mir ein Geistesblitz kommt. Das kann auch mitten in der Nacht sein. Außerdem überlege ich, einen Teil der Texte auf Englisch zu schreiben, um noch mehr Leser zu erreichen und den Literathon zwei- oder sogar mehrsprachig zu gestalten, ganz im Sinne der pluralen PoliS-Stadt im alten

Griechenland. Deutsch ist aber eine der Weltsprachen, sodass ich trotzdem viele Leser erreichen kann, denke ich. Eine Überlegung ist es trotzdem Wert und wenn ich es nur probeweise mache. Im Studium begann der Tag meistens um 8 oder 9 und endete OpenEnd. Als die Griechisch-Kurse 2011/2012 um 7 Uhr früh anfingen, noch früher! Dann war auch immer Zeit zur Morgenandacht zu gehen, z.B. An den Büchern, die ich schreibe, schreibe ich immer. Dann überlege ich mir Marketingstrategien, die allgemeinen, freiberuflichen Fragen (z.B. Steuern) und vernetze mich weiter durch Mitgliedschaften oder werte die Besucherstatistiken auf dem Blog und deren mit ihm vernetzten Websites aus. Dafür geht sehr viel Zeit drauf. Ich habe jetzt ungefähr einen Stellenumfang von 50 % (19 Stunden) ausgerechnet, an Zeit, die für die Kreativwerksta(d)tt und für das Andere drauf geht. Wahrscheinlich ist es aber mehr, da Hobby und freiberufliche Tätigkeit nicht mehr voneinander zu trennen sind. Aber ich finde immer, wir rechtfertigen uns oft zu sehr, wie viel wir arbeiten. Klar, niemand möchte faul sein und bei mir ist es so, dass ich mich sonst sehr langweilen würde, hätte ich dieses Unternehmen nicht gegründet und aufgebaut. (Relax! Das sage ich mir auch selbst.) Denn daneben erstelle ich auch Grafiken und künstlerische oder musikalische Arbeiten, zur Gestaltung der Website und der Bücher. Es gibt genug zu tun, da der Literathon thematisch sehr offen ist, von den beiden Hauptthemen, Schreiben, Sport und den Unterthemen Theologie und Philosophie. Ich bin zudem als Zeremonienleiter und als freier Dozent gelistet und hin und wieder kommt ein Auftrag zu meinen Aufgabengebieten rein, wo ich überlegen muss, ob ich diesen Auftrag annehme oder nicht. Einen Arbeitsvertrag gibt in vielen verschiedenen Formen. Ich stelle mich auf viele Reisen ein, was schon im letzten Jahr begann, mir aber sehr viel Spaß gemacht hat, die Welt auf diese Weise zu sehen. Zum Laufen komme ich unregelmäßig, meistens dann, wenn ich längere Zeit am Schreibtisch sitze und an die frische Luft möchte. Aber ich bin kein ambitionierter Sportler. Da oft das Geld fehlt, entwickele ich die Sportveranstaltungen selbst. Das kann auch Vormittags um 10 Uhr sein oder Abends. Das ist abhängig von den anstehenden Aufgaben und doch will ich, dass Sport und Denken eine Einheit bilden, sonst würde der Literathon sein Profil verlieren. Das heißt auch, dass ich die jeweiligen Denkergebnisse immer zusammen mit meinen Laufaktivitäten auf Strava und im Club teile, damit sie die Leute und die Gemeinde, auch die potenziellen Mitglieder, erreichen. Im Studium pendelte sich irgendwann ein ähnlicher Tagesablauf ein. Montag bis Donnerstag waren Uni-Tage, wo ich jeweils Vormittags und Nachmittags ein Seminar hatte, manchmal kam auch ein drittes oder eine längere Überblicksvorlesung dazu. Dazwischen waren Mittagessen in der Mensa und die Vorbereitungen in der Bibliothek auf dem Plan. Am Freitag habe ich nichts gemacht und bin Zuhause geblieben oder habe mir in der Mensa den Kuchen schmecken lassen oder die Laufschuhe geschnürt. Am Samstag habe ich dafür oft bis in den späten Abend in der Bibliothek gesessen. Der Kaffee-Automat war mein bester Freund. Am Sonntag habe ich einen halben Tag zur Vorbereitung der folgenden Woche genutzt. In Prüfungs- und Examenszeiten konnte es auch länger gehen, sodass ich mich z.B. Nachts mit meiner Zugangskarte in den PC-Pool im Rechenzentrum begab, wenn die Bibliothek um Mitternacht geschlossen hat. Erst später habe ich mir Zuhause ein Heimbüro mit meiner Privatbibliothek eingerichtet, sodass ich nicht mehr so sehr auf die Bibliothek, wie auch jetzt, angewiesen war. Im Grundstudium bis zur

Zwischenprüfung (zur Einführung in das wissenschaftliche Arbeiten und in die Theologie) waren 20 Semesterwochenstunden normal. Im Hauptstudium (und auch beim vertiefenden Ethik-Studium in Kiel) verringerte sich die Zahl auf 16 Semesterwochenstunden, da ich eigene Schwerpunkte setzen konnte und mich auf das theologische Examen vorbereitete und eine größere "Freiheit" genoss. Regel war ungefähr die doppelte Menge Vor- und Nachbereitungszeit, das heißt, 30-40 Stunden pro Woche, also etwa eine normale Arbeitswoche, neben den Aktivitäten neben dem Studium. Das Theologiestudium ist sehr textlastig, mal abgesehen von den vielen Übersetzungen. Es dauert ewig, Themen mit einer spezifischen Fragestellung einzugrenzen, Literatur zu finden und auszuwerten, thematisch zu durchdringen und dann in eigenen Worten und mit einem eigenen Urteil vorzutragen, besonders dann in einer Prüfung. Hat man darin aber erst mal Übung und das Examen überstanden, ist es aber ganz leicht. Es war normal, pro Woche bis zu 200 Seiten Text zu durchdringen, neben der Vorbereitung der Referate und der anderen Hausaufgaben. Wenn du dich nicht vorbereitest, kommst du im Seminar irgendwann nicht mehr mit und das löst schnell ein ungutes Gefühl und schlechtes Gewissen aus oder du fällst bei der Prüfung durch. Dagegen habe ich dann die Webinare oder YouTube-Vorlesungen entwickelt, die man sich immer wieder anschauen kann, ohne Prüfungsdruck. Der Literathon hat einen festen Terminablauf in der Woche. Wochenend-Arbeit ist normal. Der Freitag bleibt meistens aber Freitag. Das tut mir sehr gut. Eine Struktur ebenso, auch für dich.

Wie sieht dein Tagesablauf aus?

37. Schreib-Idee: Die Konter-Karten

Hast du wieder mit „Anfeindungen" gegen dein Unternehmen zu tun oder deine schriftstellerische Tätigkeit oder künstlerische Tätigkeit, dann kannst du die so genannten Konter-Karten verwenden. Es sind etwas ähnliches wie Karteikarten, die man im Studium z.B. für das Lernen von Vokabeln, um sie immer wieder zu vergegenwärtigen und damit auch seinen eigenen Standpunkt, weil du selbst angezweifelt wirst oder fühlst, dass es so kommen wird, aufgrund von Gerüchten oder einer bestimmten Sozialisation, die eine bestimmte Meinung vertritt, die unbedingt jeder in dieser Umwelt so einhalten muss und so einen Zwang entsteht. Dabei vergessen diese Leute häufig, dass niemand zu einer Meinung gezwungen werden darf (Grundgesetz!). Aber oft wird das "Gesetz" von den Menschen geschrieben, nicht von den Gesetzen selbst. Aber du kannst das ja auch in deine Konter-Karte schreiben. Auch diese Konter-Karte-Idee ist durch einen persönlichen Angriff auf mich entstanden, der mich nervlich sehr belastet hat und ich wollte das ausgleichen. Aber: Diese nervliche Belastung ist damit auch ein erster Schritt dahin, dass ich darüber nachdenke, etwas beim nächsten Mal besser zu machen, damit es mich nervlich nicht mehr belastet und ich wieder daraus gelernt habe. Abstand nehmen und Ignorieren ist daher nicht immer gut. Das sollte nur der Fall sein, wenn das Gespräch und die Diplomatie völlig versagen. Aber auch hier ist dann wieder entscheidend, dass ich durch eine Idee dieses weitergeben kann, sodass dieser nicht nervlich leiden muss oder wahrscheinlich nicht. Alles was ich hier schreibe, beruht auf eigenen Erfahrungen, wie ich mich selbst damit gefühlt habe und ich kann im Sinne einer anthropologischen Grundkonstante davon ausgehen, dass auch jemand anderes in diese Kategorie fallen kann. Diesen Lernprozess zu unterstützen, das ist Ziel dieser Idee. Schreibe auf, warum du dich schlecht fühlst, wie es sich innerlich anfühlt, was du möglicherweise in dieser nervlichen Krise tun würdest. Schon allein das Schreiben führt dazu, dass man sich schnell wieder besser fühlt. Die Konter-Karten kannst du immer bei dir haben und sie vortragen und damit auch immer besser auswendig lernen, damit du deinen Standpunkt immer besser verdeutlichen kannst.

Du kannst auch hier schon Gedanken hinschreiben oder eine Karte ausschneiden:

38. LITERA-Nachrichtensendung

Satellitensturm am Himmel. Beobachtung am abendlichen Himmel, etwa 1 Stunde nach Sonnenuntergang. Sich schnell bewegende weiße Punkte und keine Sterne verlaufen auf einer Bahn, in fast denselben Abstand. 2. Schulen schließen. Maßnahmen des Literathons angesichts der Corona-Krise. Ich bekam eine Nachricht darüber, dass ich mein Unternehmen angesichts der Corona-Epidemie schützen soll und welche konkreten Maßnahmen ich ergreife und darüber Auskunft geben soll beziehungsweise muss, da die Corona-Krise nun alle gesellschaftlichen Bereiche erfasst hat und die Zahl der Infizierten und der Todesopfer in Deutschland schnell steigt. Die meisten Inhalte des Literathons sind sowieso online gestellt, um einen direkten Kontakt zu vermeiden. Die digitale Kirche und das literarische Teezimmer ist für Jedermann, auch Zuhause in der Quarantäne, zugänglich. Die geplanten Webinare zum Exodus-Buch oder der Erstellung einer Predigt sind auch online anzuschauen und bedürfen keines direkten Kontakts. Ich habe im Moment keine Teilnahme an Laufveranstaltungen geplant und ich plane auch keine für andere. Wer sich eine Urkunde ausdrucken oder hier aus dem Buch nehmen möchte, der kann das gerne tun und Zuhause auf dem Laufband einen Wettkampf starten. Bei schlechtem Wetter bin ich Zuhause auch gerne auf der Stelle gelaufen oder habe mit einem Fitness-Lehrbuch und dem Eigengewicht trainiert. Ich bin immer auf dem Laufenden durch die Nachrichten und ich hoffe, dass sich die Situation bald bessert. Trotzdem hindert mich das nicht daran, von Zuhause über Gott und die Welt zu reden und das ist auch das Gute (besonders angesichts dieser Situation), dass man immer noch im Kontakt ist und bleiben kann. Textkorrekturen nehme ich auch nur per Mail an und andere Aufträge, die einen direkten Kontakt implizieren, der vermieden werden soll. Über Mail klären wir aber, ob die Sache mit direktem oder indirektem Kontakt zu lösen ist. In diesem Punkt, falls ein Auftrag eingeht, gehe ich Sicherheitsvorkehrungen ein. 3. Der Literathon zum Sterbehilfe-Urteil – Rückblick auf das Teezimmer. Das Urteil des Bundesverfassungsgerichts von dieser Woche, dass Sterbehilfe nun in der organisierten Form erlaubt sein soll, hat Folgen für solche Unternehmen, die solche Angebote machen können. Dazu gehören auch Bestattungsinstitute und andere (auch frei-theologische Unternehmen) Organisationen, die nun Experten für solche Patienten bereit stellen können. In der Seelsorge-Theorie, die auch im Theologiestudium gelehrt wird, heißt es, dass immer der Klient und seine Bedürfnisse im Mittelpunkt des Gesprächs und der Betrachtung stehen, aber in Abgleich mit den rechtlichen Vorgaben. Es gibt Grenzen der Freiheit, auch in diesem Fall, die aber jetzt möglicherweise weiter überschritten werden. Ich beziehungsweise der Literathon haben dazu auch eine Grundsatzentscheidung aufgestellt, das genau letzteres im Mittelpunkt stehen und bleiben soll und mich von diesen Angeboten abgrenze und keine Kooperation damit anstrebe. Der Literathon ist und bleibt ein Ort des Lebens, der Lebenskunst und nicht der Sterbekunst.[50]

---

50 Das Konzept der LITERA-Nachrichtensendung des Literathons auf dem Youtube-Kanal ist im Grunde eine jeweilige Zusammenfassung bestimmter, wichtiger Ereignisse der Woche oder ein Vorausblick. Daneben kann es auch andere Sendungen in diesem Format geben, wie z.B. Sportshows oder Interviews, wie der Dialog in Fiktion.

Nachwort

Wir können sehr dankbar für unsere Freiheit, für diese Gesellschaft in Deutschland haben. Wir sollten sie nicht so leichtfertig aufs Spiel setzen, auch im persönlichen Alltag, im persönlichen Umgang miteinander. Jahrhundertelang war es nicht selbstverständlich, dass Menschen Meinungsfreiheit, Religionsfreiheit, Forschungsfreiheit haben können. Das sind Produkte der Aufklärung beziehungsweise der Neuzeit. Immer wieder musste es Menschen geben, die den Mut hatten, etwas anderes zu sagen als die Gemeinschaft um einen herum. Solche Menschen muss es auch weiterhin geben, damit die Geschichte und die Menschheit wachsen können. Es ist der einzigste Planet zum Leben wahrscheinlich und das einzigste Leben, was jeder Einzelne von uns hat. Daraus kann das Beste gemacht werden. Wir können Zeitzeugen unserer Zeit werden und müssen uns nicht verstecken. Das ist sogar sehr wichtig, als Ausdruck des Selbstbewusstseins und der Freiheit, um genau das und diese zu bewahren. Bücher und Schriften können einen Menschen „unsterblich" machen. Zwar ist sein Körper sterblich und er kann nicht mehr mit seiner Hand seine Gedanken schreiben, aber das können ja die nachfolgenden Generationen übernehmen, indem hier z.B. auch dieses Buch mit eigenen Gedanken weitergeschrieben und entwickelt werden kann, auf den weißen Seiten der Offenheit, um eine Möglichkeit zum „Krakeln" für Ideen zu haben, diese dann auszubauen und dann möglicherweise zu einem Buch zu entwickeln. Als Seele wird man in einem vermeintlich „toten" Buch für immer weiterleben, durch die Anderen, die auch Gedanken hinzufügen und weiterentwickeln. Dazu wünsche ich allen Lesern alles Gute auf ihrem Lese-Lebensweg.

Literaturverzeichnis

Engemann, Wilfried (2011): Einführung in die Homiletik (UTB, 2128), 2., vollst. überarb. und erw. Aufl. Francke: Tübingen (Original von 2002).

Evangelisch-Reformierte Landeskirche des Kantons Zürich (2009): Zürcher Bibel. 3. Aufl. Zürich: Verl. der Zürcher Bibel (Original von 2007).

Felger, Andreas (2015): Dietrich Bonhoeffer. Von guten Mächten wunderbar geborgen. Mit Aquarellen, 2. Aufl. (Original von 2015).

Gertz, Jan Christian (Hg.) (2010): Grundinformation Altes Testament (UTB, 2745), 4. Aufl. Vandenhoeck & Ruprecht: Göttingen (Original von 2006).

Grethlein, Christian (2012): Praktische Theologie (De Gruyter Studium), 1. Aufl. De Gruyter: Berlin/Boston.

Hertzsch, Klaus-Peter (2014): Das Selbstverständliche ist das Erstaunliche. Predigten, Reden, Texte. Radius: Stuttgart.

Hock, Klaus (2011): Einführung in die Religionswissenschaft (Einführung Theologie), 4. Aufl. Wissenschaftliche Buchgesellschaft: Darmstadt (Original von 2002).

Huber, Wolfgang; Gremmels, Christian (Hg.) (2006): Dietrich Bonhoeffer Auswahl. Band 1. Universität, Pfarramt, Ökumene 1927-1932, Gütersloher Verlagshaus: Gütersloh.

Jüngel, Eberhard (1971): Tod (Themen der Theologie, 8), Kreuz: Stuttgart.

Klafki, Wolfgang (1970): Das pädagogische Verhältnis und die Gruppenbeziehungen im Erziehungsprozess. In: Klafki, Wolfgang (u.a.) (Hg.): Erziehungswissenschaft. Eine Einführung. Bnd. 1. Fischer: Hamburg, 53-127.

Koziol, Klaus (2016): Gott ist bei uns. Ein Bonhoeffer-Lesebuch. Ausgewählt und eingeleitet, topos: Kevelaer.

Kunstmann, Joachim (2010): Religionspädagogik. Eine Einführung (UTB, 2500), 2. Aufl., Francke: Tübingen (Original von 2004).

Morgenthaler, Christoph (2012): Seelsorge (Lehrbuch Praktische Theologie, 3), 2. Aufl. Gütersloher Verlagshaus: Gütersloh (Original von 2009).

Nicol, Martin; Deeg, Alexander (2005): Im Wechselschritt zur Kanzel. Praxisbuch Dramaturgische Homiletik, Vandenhoeck & Ruprecht: Göttingen.

Ludwig, Ralf (2015): Philosophie für Anfänger von Sokrates bis Sartre. Ein Wegbereiter durch die abendländische Philosophie, Deutscher Taschenbuch Verlag: München.

Platvoet, Jan (1999): The problem of define or not to define. The problem of the definition of religion. In Platvoet, Jan (Hg.): (1999) The Pragmatics of Defining Religion: Contexts, Concepts, and Contests. Brill: Leiden, 245-266.

Sartre, Jean-Paul (1972): Ist der Existenzialismus ein Humanismus?, In: Ders. (Hg.) (1972): Drei Essays (Ulstein Buch), Ulstein: Frankfurt, 7-51.

Sigusch, Volkmar (2015): Sexualität. Eine kritische Theorie in 99 Fragmenten. 2. Aufl. Campus: Frankfurt am Main (Original von 2013).

Singer, Peter (1994): Praktische Ethik (Reclams Universal-Bibliothek, 8033), 2. Aufl., Reclam: Stuttgart (Original von 1984).

Sölle, Dorothee (2006): Stellvertretung. Bd. 3, Ursula Baltz-Otto und Fulbert Seffensky (Hg.), Kreuz: Stuttgart.

Weitere "weiße Seiten der Offenheit"
für mehr Notizen, Anmerkungen, Fragen

FSC
www.fsc.org

MIX

Papier | Fördert
gute Waldnutzung

FSC® C083411

Zeitfracht Medien GmbH
Ferdinand-Jühlke-Straße 7
99095 Erfurt, Deutschland
produktsicherheit@kolibri360.de